PHP
Business Shinsho

すぐやる力
自然に動き出す自分に変わる!

Ryo Tsukamoto
塚本　亮

PHPビジネス新書

はじめに　ちょっとした行動で、すぐやる人になる

世の中には膨大な仕事量をこなしながら、なおかつプライベートまで充実させている人がいます。いわゆる「できる人」と呼ばれる人です。

とはいえ、1日が24時間であることは彼らも変わらないはず。彼らとそれ以外の人では、何が違うのでしょうか。

もちろん、本人の資質や能力、仕事との相性も関係していると思います。しかしそれ以上に大きいのは、仕事や課題に対して「すぐやる」という習慣を持っているか否かだと思います。

ではなぜ、多くの人は「すぐやらない」のでしょうか？　頭の中では「すぐやったほうがいい」とわかっていながら、先のばしをするのは、なぜなのでしょうか？

日本人はなぜか、どうせ自分は「すぐに行動できなくて、先のばしする性格なん

だ」と特に根拠もなく決めてかかっている人が多いのです。

だから、いくら「今日からすぐやるんだ」と決心しても、いつも長続きしないんだ……と考えがちです。

でもそれは、性格の問題ではありません。

すぐやるやり方を知らないから。ただ、それだけのことです。

重要なのは、**性格を変えることではなく、ちょっとした行動を変えること**。

誰にでもできる簡単な行動から始めて、少しずつ結果を出していけば、やがて「すぐできない自分」から脱却できます。

そのプロセスを私の経験に基づいて紹介したのが、本書です。

目標達成率が高いのはどういう人か？

ある大学が発表した心理学関係のユニークな研究データがあります。「目標達成率が高いのはどういう人か」という調査なのですが、それは「遊びたい」「休みたい」といった**誘惑に勝った人ではない**のです。むしろそういう人ほど、目標達成に至らないことが多いらしい。

誰でも経験はあると思いますが、誘惑との戦いには多大なエネルギーが必要です。そこで無理をして勝っても、そのしわ寄せが別のところに出てしまうのでしょう。結局、そういう戦いは長続きしないわけです。

では、どういう人の目標達成率が高いのか。それは、そもそも誘惑と接触しなかった人だそうです。周囲に誘惑がなければ心置きなく目標に邁進《まいしん》できるわけで、言われてみれば当たり前の話でしょう。

「そんなことか」と思ってはいけません。私たちは、知らず知らずのうちに、誘惑と戦う〝勝ち目のないゲーム〟を日々強《し》いられているのではないでしょうか。そこにエネルギーを費やしていると、疲れ果ててしまいます。

その最たる例が、スマホです。もはや手放せない便利なツールですが、メールにゲームに情報にＳＮＳにと、あっという間に時間も意識も多大に奪われる誘惑の権化のような存在であることも事実です。

それを常に手元に置きながら、「見てはいけない」と自分に言い聞かせるのは拷問に近いでしょう。ならば、手元に置かなければいい。四六時中は無理だとしても、例えば集中したい1～2時間だけ、スマホを置いて別の場所に移動するとか、誰かに預けるとか、工夫のしようはあると思います。

スマホにかぎらず、自分にとって魅惑的なものは身のまわりに溢れています。そういうものと直接対峙するのではなく、遠ざけて戦わずして勝つ。そんな「行動」が、「すぐやる」の第一歩です。

「考え方」より「行動」を変えよう

私は同志社大学を卒業後、イギリスのケンブリッジ大学大学院で心理学を学んできました。こう書くといかにも〝エリート〟のキャリアのようですが、まったくそんなことはありません。

これまで書かせていただいたすべての著書で触れていることですが、高校1年生まではどうしようもない落ちこぼれでした。もちろん勉強は大嫌い。何をやるにもダルい。校内で〝事件〟を起こして警察のお世話になるほどで、自他ともに認める「ダメな自分」だったのです。

さすがにこのままではマズいと思い、謹慎中に日常生活から改めようと考えました。早起きし、大量の本を読み、勉強にも身を入れ、ノートのとり方も工夫する、といった具合です。それによって日々が変わり、世の中に対してポジティブになり、もっと学びたいという意欲が芽生えるようになったのです。「すぐやる」ことに目覚めたのも、そのほうが何をするにも楽で効率がいいと気づいたからです。

私に唯一、人に誇れることがあるとすれば、それは「考え方を変えよう」ではなく「行動を変えよう」と思い立ったことだと思います。最初は「自分はダメだ」と思ったままでけっこう。「ダメな自分」なりにできることをやってみよう、でいいのです。

それも、いきなり高いハードルにチャレンジしようと考えたわけではありません。同じ比喩で言えば、またいで越えられるほどの低いハードルを、まずは実際にまたいでみようと考えただけです。そんな〝成功体験〟を繰り返していけば、最終的に考え方も変わると気づいたのです。

本書は、そんな日常の行動の変え方を、心理学の知見なども交えながら紹介してみました。1つでも「やってみようかな」という話に出合い、それによって「すぐやる」の快適さに気づいていただければ、著者として望外の喜びです。

すぐやる力

目次

第1章 すぐ「行動」を変える

第**2**章

すぐ「自己効力感」を高める方法

第3章

すぐ他人を巻き込め

第4章

集中する&ゾーンに入る

第5章 すぐやる人のスマホ

第6章 「すぐやる」チームの作り方

第7章 すぐ「人を動かす」技術を身につける

編集協力　島田栄昭

第1章

すぐ「行動」を変える

01

行動が変われば心が変わる

自然に動き出すように仕向けよう

今すぐやるべきとわかっているのに、どうにもやる気がしない。ダラダラと過ごしているうちに時間だけが過ぎて、また残業。

こんな経験は、誰にでもあると思います。どうすれば「すぐやる」ことができるのか。目の前の仕事にサッと集中できたらどんなにいいか。これは、多くのビジネスパーソンに共通する願望でしょう。

その方法はある、と私は思います。これについては追って説明していきますが、そもそもなぜ、すぐやれないのか、考えてみたことはあるでしょうか。

実はこれは、日本的な仕事の習慣に由来しているかもしれません。

一般的に、ビジネスシーンでは「PDCA」（計画・実行・評価・改善）のサイクルが大事と言われます。それは間違いないのですが、**しばしば外国の方から指摘されるのは「日本人はPばかり重視する」ということ**です。

つまり、完璧な「計画」を作ろうとするあまり、そこで先のばしが正当化されたり、結局「実行」にいかなかったりする。つまりサイクルが回らないわけで、結局何も実現できないわけです。

やや大げさに言えば、これは日本の教育制度の問題の1つかもしれません。とにかく「正解を出せ」「失敗したら減点」と教えられるので、行動が慎重になったり、計画段階でためらったりしてしまいがちなのです。

しかしビジネスで本当に大事なのは、とにかく「PDCA」のサイクルを回すことでしょう。ずさんな「計画」は論外ですが、完璧な「計画」もあり得ない。そう割り切って「実行」に進めば、たしかに数々の想定外の事態に直面します。

しかしそれはけっして失敗ではなく、その分だけ経験値が高まったということです。そこから「評価」「改善」のプロセスを踏めば、よりグレードアップした「P」が可能になる。これが「PDCA」の価値なのです。

個人も同様。作業の手順がわからないなら、わからないなりに試行錯誤して手を動かしてみればいい。うまくいかなければ、立ち戻って別の方法を試してみればいい。それを繰り返すことで、いつか有効な手順が見つかるのではないでしょうか。

実はこれが、「すぐやる」のもっとも基本的なコツでもあります。

「心が変われば行動が変わる。行動が変われば習慣が変わる。習慣が変われば人格が変わる…」という有名な言葉があります。

しかし私は、これを逆だと思っています。**「心が変われば行動が変わる」のではなく、「行動を変えれば心も変わる」**のではないでしょうか。

「心」とは結局、正体不明なものです。それを「変えろ」と言われても、どうすればいいかわかりません。

しかし行動なら、容易に変えられます。別に「正解」である必要はありません。とりあえず動いてみれば、失敗も含めてすべて経験値になります。その結果、ちょっとした成果でも得られれば、自信につながるはず。つまり「心が変わる」のです。

だからこそ、「すぐやる」ことが大事。気合いや根性で無理やり行動に移すのではなく、自然に動き出すように仕向けて、いつの間にか意識が変わり、いつの間にか高みに達する。それが本書の目指すところです。

02 自分をポジティブにするスケジュール作戦

「イヤな予定」は、「楽しみな予定」と組み合わせる

「苦手な相手と商談しなければならない」「出席したくない会議がある」等々、仕事にイヤな予定はつきものです。そんな予定が入っていると、朝から気が滅入るし、なんとか先のばしできないかと思うかもしれません。

そんなときに試していただきたいことがあります。

イヤな予定のあとに、楽しみな予定を入れておくのです。

この効果を侮《あなど》ってはいけません。

例えば相性のいい人との打ち合わせを入れたり、気の合う友人と飲みに行く約束をしたり、あるいは一番食べたいものを食べに行こうと決めたり。

やってみるとわかりますが、朝の気分が違ってきます。イヤな予定を乗り越えたあとに楽しみが待っていると思えば、意欲が湧いてきますし、目の前の仕事にも集中しやすくなります。

心理学の世界には、「認知的不協和」という有名な概念があります。例えば喫煙のように、「身体に悪いとわかっている」「けれど止められない」という矛盾を抱える状態を指します。

この矛盾を心に抱えていると「不快感」があるので、人は自分なりに解決策を得ようとするのです。つまり、「吸わないほうがストレスが溜まって、むしろ身体に悪い」とか、「ご長寿の愛煙家もいるじゃないか」などと独自の解釈をして、吸い続けたりするのです。

喫煙の是非はともかく、私たちは矛盾を解消して自分の都合のいいように考えたいものなのです。ならばそんな心理を、日々のスケジュールに活かさない手はありません。

「イヤな予定から逃げたい。でも、逃げられない」という矛盾を抱えているなら、その後に楽しみな予定を入れて**「これがあるから、がんばれるじゃないか」**と自分に言い聞かせればよいのです。

そんな簡単なことで、効果はあるのだろうか？　と思うかもしれません。しかし、やってみると、イヤな仕事をクリアするための心理的なハードルが下がることがわかると思います。

それに、もう1つ言えることは、楽しい時間を過ごして1日を終えることができれば、その日に対する印象も変わってくるということです。イヤな予定で1日を締めくくると、「今日は辛かった」という印象になるでしょう。それを翌日以降も引きずってしまうおそれがあります。

しかし楽しく締めくくれば、相殺されて「まあいいや」と思えてくる。それが人間の心理です。日常のモチベーションを高めるには、こういう演出も大事だと思います。

言うまでもありませんが、この観点で考えるなら、楽しい予定をイヤな予定の前に入れてはダメ。せっかくの楽しみも、その後を考えて上の空になったり、憂鬱《ゆううつ》になったりしかねません。

あらかじめプライベートな時間を確保しておこう

スケジュールはむしろ、楽しい予定から早めに決めたほうがいいかもしれません。日曜日の夕方あたりからだんだん気分が滅入ってくる、という話はよく聞きます。いわゆる「サザエさん症候群」です。月曜日からまた仕事に行かなければならないという束縛感や、ソリの合わない上司・部下と顔を合わせなければならないという憂鬱でいっぱいになるのでしょう。

ましてその週にイヤな予定が入っていると、ますます暗くなります。そんなネガティブな気持ちを引きずったまま月曜日を迎えると、とても「すぐやろう」とはなりません。だからその前に、相殺できるようにあらかじめ楽しい予定も組んでしまうわけです。

例えば1週間単位で考えて、「水曜日の夜に学生時代の友人と会う」という予定を入れたとします。そうすると、仮に月曜日や火曜日にイヤな予定があったとしても、「それを乗り切れば楽しみが待っている」と緩和されるでしょう。

楽しい予定は、例えば「映画を見に行く」とか「○○を買いに行く」など、1人でできるものも考えられます。それはそれでよいのですが、個人的な予定なので、仕事が押してくれればあっさり反故《ほご》にしてしまいかねません。そうすると、「仕事のせいで、自分はいつも……」とますます落ち込むおそれがあります。

そうならないためには、イベントのチケットを買ったり、お店を予約したり、できるだけ人を巻き込んで日時を約束したりして、その時間を仕事のスケジュールからブロックするのが一番。

仕事がどんなに押してきても、ここは譲れないと決めてしまうわけです。

そうすると、逆に**その時間までには何としても仕事を終わらせよう**という意識が働きます。落ち込んだり手抜きしている場合ではないと気づいて、「すぐやる人」に変身できるのです。

気が重いときは〝ついで方式〟で乗り切れ

あるいは、イヤな予定とまでは言えないものの、とにかく朝から気が重くて会社に行きたくない、というときもあるでしょう。それが毎日、という人もいるかもしれません。

それでも無理して出社するのが社会人というものですが、そのストレスは相当なものだと思います。やはり、朝からの仕事に支障をきたすほどかもしれません。

このストレスも、スケジュールの工夫によって軽減できると思います。例えば私の場合、朝イチでジムによく行きますが、ダルいのでサボろうと思うことが何度もあります。キツいトレーニングを想像すると、家を出ること自体が億劫になってしまうのです。

そういうときは、**別に外出する目的を設定**すればいい。例えばカフェでコーヒーを飲むことにして、その〝ついで〟にジムに行くように装うのです。あくまでもカフェが目的なので、「ジムは行っても行かなくてもいい」ぐらいの感覚で、一応準備だけはしていく。

そうすると、外出のハードルはグッと下がります。そして一旦外に出てしまうと、「せっかく準備もしてきたし、ついでだからジムにも寄ろうか」という気になれるのです。

この〝ついで方式〟は、他でも応用できます。例えば上司にネガティブな報告をしなければならないとき。「予定より大幅に遅れている」「撤退するしかない」「取引先を怒らせてしまった」等々、いろいろあると思います。できれば先送りしたいし、いっそ黙ってやり過ごしてしまいたい。しかしそれでは傷口がどんどん広がって、取り返しのつかないことになる。ビジネスパーソンとしては辛いところでしょう。

こういうときは、ポジティブな情報とワンセットにすればいい。アメリカのドラマなどで、「いいニュースと悪いニュースがある。どっちを先に聞きたい？」というシーンがたまにありますが、あれを地でいくわけです。

ポジティブな情報があれば、ネガティブな報告の負担も多少は軽減されます。後者を〝ついで〟と自分に言い聞かせれば、上司の前に立つ勇気も湧いてくるでしょう。

問題は前者をどうやって探すかですが、ネガティブな報告で頭が一杯になるよりは、ずっと前向きに考えられるはずです。

ポイントは、**自分の感情をとにかくプラスに変えていくこと**。重い岩をそのまま動かそうとするのではなく、軽く見せかける工夫が欠かせないのです。

03 仕事の準備を前日夜に整えるメリット

「ToDoリスト」は前日に書くのがベスト

午前中は、比較的集中しやすい時間帯です。朝からスタートダッシュをかけることができれば、その日は調子よく快速で過ごせるものです。逆にうまく乗れないと、なんとなくズルズル過ごしてしまいがちです。

この**両者を分けるポイントは、仕事をどこまで〝見える化〟できているか**です。

〝見える化〟するためには、1日分の作業を具体的なリストにして書き出してみることです。いわゆる「ToDoリスト」ですが、これがすべての仕事のスタートだと考えてもいいと思います。

スケジュールはだいたい頭に入っているでしょうし、あらかじめ手帳などに書き込んでいる場合もあるでしょう。しかし、頭の中だけで「何をしようか」と考えるから、イメージが漠然としてしまうのです。

その点、手を動かして書こうとすると、頭も自動的に動き出します。例えば誰かに会う予定があるなら、その前にどんな準備が必要か、何を用意するかまで書く。そうすると、作業の優先順位も、段取りも、時間の割り振りもだいたい明らかになってくるものです。そこから逆算すれば、「ボーッとしている場合ではない」と気づけるでしょう。

つまり、脳のスイッチが入りやすくなるわけです。

しかも書き出すだけなので、さして時間も手間もかかりません。ずいぶんハードルが低いので、最初の「行動」としては取り組みやすいのではないでしょうか。

ただし、これには2つ条件があります。1つは、**当日の出社後ではなく前日の退社前に書くこと**。朝はバタバタすることが多いので、リストを書く作業が適当になるおそれがあります。

何よりも、どうせなら朝イチから「仕事そのもの」に取りかかったほうが、気分はいいはずです。そのための準備を、時間的にも精神的にも余裕のある前日夜に整えておく、と考えればわかりやすいでしょう。

そしてもう1つは、**リストをガチガチに固めないこと**。就業時間の6割程度を埋めるぐらいでちょうどいいと思います。

日常の仕事に想定外の出来事はよくあります。あまり予定が埋まっていると、そういう事態に対応できないか、もしくはリストの達成が難しくなります。そうするとかえってストレスが溜まり、「どうせ書いても達成できないから」とリストを書くこと自体が続かなくなるかもしれません。

「ToDoリスト」を〝見える化〟しよう

昨今はパソコンソフトやスマホアプリの「ToDoリスト」も充実しています。それらを利用すれば、早く簡単に、しかもきれいに整理して書けるでしょう。

しかし私は、いつも紙に手書きしています。理由は単純で、もっとも〝見える化〟しやすいからです。

アプリ等で「ＴｏＤｏリスト」を書いたとしても、見返すためにはアプリをいちいち開く必要があります。そうすると、２つの〝忘却リスク〟が発生します。

１つは、開くことを面倒がって記憶に頼ろうとしてしまうこと。しかし、リストのラインナップをすべて覚えているとはかぎりません。そのうちに仕事のモレが発生してしまうでしょう。

もう１つは、「ＴｏＤｏリスト」を書いたことすら忘れてしまう場合。先にも述べましたが、予定になかったイレギュラーな仕事が入ることは日常茶飯事《さはんじ》です。その処理に追われているうちに、リストのことさえ忘れてもっと大事な仕事が置き去りにされるおそれがあります。

これらのリスクを一気に解決する方法が、〝見える化〟なのです。

「ＴｏＤｏリスト」を紙に書いたら、常に目に見える場所に貼っておけばいい。アナログだからこそ、逆に今は目立ちます。

多くの場合、時間が余るということはないでしょう。限られた時間をいかにやり繰りするか、中長期的な期限やノルマを守るために１日どれくらいのペースで作業を進めればいいか、前日に「ＴｏＤｏリスト」を作る段階ではいろいろ考えたはずです。

それが目の前にあれば、「とても余計なことをしている場合ではない」「ここである程度やっておかないと、あとでキツくなる」などと思えるはずです。そう自分に気づかせることが重要なのです。

まして昨今は、「働き方改革」の影響で残業が制限される職場も少なくありません。期限に間に合わないと知りつつ退社するのは辛いし、仕方なく自宅に仕事を持ち帰るのも辛いでしょう。それを避けるには、あらかじめきっちりスケジュールを組んで「ＴｏＤｏリスト」をコンスタントにこなしていくしかありません。常に目に入るリストは、その監視役を兼ねてくれるわけです。

帰社前には机上で翌朝の準備を

リストを書いたら、その次のステップとしておすすめしたいことがあります。**リストに合わせて、できるだけ明日の用意をすること**です。

例えば誰かに会う予定や会議があるなら、その際に渡す書類をプリントアウトしておく。読み込むべき資料があれば、それも一式整えておく。翌日の作業をイメージしながら、必要なものをできるだけ揃えておくわけです。

こういう準備をしておけば、翌朝は迷うことなくスタートを切れます。出社早々に「あれがない、これがない」と慌てることがなくなるだけでも、ストレスは大幅に軽減されるはずです。

もちろん、こちらも6割程度を目指せば十分。仕事は時間どおりには進まないし、当日になって急ぎの案件が舞い込んでくることもよくあります。4割の余裕があれば、柔軟に調整できるでしょう。

これを実践した結果、私の机の上は常に片づいた状態になっています。その時々の仕事に必要なものがすべて揃っているので、朝になって何かを集めたり、探したりといった手間がありません。その分、スムーズに仕事を始められるわけです。

こういう話をすると、たまにアインシュタインやスティーブ・ジョブズの名を挙げて「天才の机ほどグチャグチャ」と反論されることがあります。きっと、その方の机は天才のように散らかっているのでしょう。

しかし、おそらく真に天才と呼ばれる人は、凡人からはグチャグチャにしか見えない机上でも、どこに何があるかをだいたい把握していたのではないでしょうか。無秩序の中に秩序を見出していたからこそ、天才なのだと思います。

グチャグチャの机に憧れるのもけっこうですが、結果として常に「あれがない、これがない」と言っているようでは、天才への道にはほど遠いといえるでしょう。

04 1日の予定はコンディション重視で組む

集中力が必要な仕事を午後イチに入れてはいけない

1日のうちでもっとも気だるい時間帯といえば、昼食後の午後イチあたりでしょう。お腹が満たされて緩んだ緊張感は、なかなか元に戻りません。その当然の結果として、たいてい眠くなります。

眠気に無理やり抗《あらが》おうとしても、おそらく勝ち目はありません。いっそ仮眠でも取れればベストかもしれませんが、環境的に許されない職場も多いでしょう。

そういう場合は、**眠くなることを前提としてスケジュールを組むこと**です。例えば、午後イチに文書を作成したり、資料を読み込んだりする仕事は避ける。確実に睡魔に襲われるからです。仮に目をこじ開けていたとしても、脳が働いていないので、いい結果は残せないと思います。こういう仕事は午前中に集中させたほうが賢明でしょう。

その代わり、この時間帯には溜まっていた事務作業を片づけるとか、外に出て誰かに会うような仕事が適しています。そういう工夫をするだけでも、眠気とうまく折り合えるのではないでしょうか。

例えば私自身、大学で英語関連の講義を行うことがあります。その授業の時間帯が午後イチの場合には、けっして学生に英文を読ませたり書かせたりしません。これは「眠れ」と暗示をかけるようなものなので、大半が確実に眠ってしまう、もしくは辛そうに眠気と格闘してしまうからです。

こういうときは、例えば英語によるプレゼンの練習などが適しています。人前で話すとなると緊張感もあるので、さすがに眠気を蹴散らすことができるのです。

ビジネスパーソンも同様です。前述のとおり「ＴｏＤｏリスト」を作成したら、**何をどの時間帯でやるかも同時に考えたほうがいい**。身体のコンディションに配慮しながら、いわばタイムテーブルを作るわけです。

概して「優先順位の高いものから順番にやればいい」と考えがちですが、それは失敗の元。無理をして根性で乗り切るのではなく、無理をせずにどのタイミングで何をするのがベストかを考えてこそ、プロのビジネスパーソンと言えるでしょう。

「根性論」に屈するな

タイムテーブルで考慮すべきは、眠気だけではありません。

「夕方」になれば、だんだん疲れてきます。集中力も落ちるし、そろそろお腹も空いてきます。そういう時間に面倒な仕事を入れても、生産性は上がりにくいでしょう。

あるいは「重要な会議やプレゼンのあと」には、もうエネルギーがほとんど残っていないことが予想されます。そこに神経をすり減らすような仕事を入れるのは、かなり酷だと思います。

つまり1日の中でも、環境による自分のコンディションは刻々と変化するわけです。そのことは、本人が容易に予測できると思います。

ところが、いざ予定を組む段になるとそれが軽視される傾向があります。時間帯もコンディションも関係なく、自分を奮《ふる》い立たせないとできない仕事をズラリと並べたりすることがあります。コンディションに配慮する習慣がないためかもしれませんが、いいパフォーマンスは期待できないでしょう。

その結果、予定よりも仕事が進まず、「やはり自分はダメなんだ」と自信を喪失して責めたり落ち込んだりする。ますますスケジュールに余裕がなくなり、低いモチベーションのまま厳しい仕事に対峙せざるを得なくなる。こんな悪循環に陥ったとしたら、たいへんもったいないと思います。

もちろん、期限に追われてコンディション云々などと言っている場合ではなくなることもあるでしょう。しかし、自分でコントロールできる部分もあるはずです。わざわざ自信を喪失するようなスケジュールを組む必要はない。むしろ、いかにそれを避けるかということに、もっと気を配ったほうがいいと思います。

05 カバンの中を空っぽにする

カバンを整理するすごいメリット

さて、「行動に移す」ことの大切さを本書では書いていますが、といっても、難しく考えることはありません。仕事を「すぐやる」ことが億劫なら、まずはとにかく「すぐできる」ことを探してみればいいのです。

特におすすめしているのが、毎日、帰宅後にカバンの中身を整理すること。それも、一部のものを入れ替えるというレベルではありません。**すべて取り出して一旦空っぽにしてから、明日の仕事に必要なものだけ入れ直す**のです。その際には、例えばペンや手帳などを所定の場所に戻すという作業も含まれます。

単純な作業なので、せいぜい2～3分もあればできるでしょう。それに毎日繰り返せば、入れ替えるものが少なくなるので、もっと短時間で済むようになります。それでいながら、これにはいくつものメリットがあります。

1つは当然ながら、カバンが軽くなる。カバンを整理しないまま使い続けると、いつの間にかモノが溜まっていきます。終わった仕事の書類や、数日前の新聞・雑誌、先方から受け取った資料、どこかの店でもらったキャンペーンのチラシまで入れたままかもしれません。

重たい思いをして不要なものを持ち歩くとすれば、これほどムダなことはないでしょう。カバンの中身をすべて出してみることで、そんなムダを避けられるはずです。

しかし、それだけではありません。**もっと大きなメリットは、意識を切り替えられること**。

カバンの整理は、頭の整理と似ています。その日にたとえイヤなことがあったとしても、カバンの中身をすべて出すことでリセットできる。少なくともそう自分に言い聞かせることができるのです。

それに、明日の仕事の〝予習〟にもなります。必要なものだけ入れようとすれば、必然的にスケジュールのチェックも欠かせません。1日をざっとイメージすれば、どの場面で何を使うか、何が不要かはだいたいわかるでしょう。

その作業は、**明日のシミュレーションにもなる**はずです。誰に何を見せながらどんな話をするか、どの仕事をどこまで終わらせるか。そう考えることで、明日に対する心の準備もできるわけです。当日の朝ではなく前日の夜にやるからこそ、ゆっくり考えることもできます。

逆にこのプロセスがないと、メリハリがつかないので、つい惰性で過ごしてしまうことになる。あるいは朝になって「あれがない、これがない」とバタバタしたり、重要な資料を忘れたり、取り出すときに時間がかかったりする。いずれも余計なストレスを生むだけなので、ビジネスパーソンとしては避けたいところでしょう。

本当に必要なものは案外少ない

こういう入れ替えを一度実践すれば気づくと思いますが、本当にカバンに入れておくべきものは、意外と少ないものです。毎日のように膨大な資料を持ち歩くような仕事は、そう多くないでしょう。

　私もよく東京に出張に来ることがありますが、その行程を考えると、ノートPC1台と何冊かの本、それに若干の紙の資料だけで十分だったりします。重そうなカバンを持ち歩くことは、けっしてデフォルトではないのです。

　それに入れ替え作業自体、けっして奇抜なことではありません。誰でも小学校時代、ランドセルに入れる教科書を明日の時間割に合わせて入れ替えていたはずです。ズボラになると1ヶ月前のテストがずっと入ったままだったり、場合によっては遠い昔の給食のパンが残っていたりしましたが、あまり気分のいいものではなかったと思います。

　大人になった今、そんな当時を反省しつつ、もっと徹底して入れ替えてみようというわけです。翌朝からの仕事にも、きっと気分よく取りかかれると思います。

　カバンで味をしめたら、次は会社の机の引き出しも整理してみてはいかがでしょう。こちらもいつの間にか文具や書類などで溢れ、しかもその大半がいらないものだったりします。いざ必要なものを取り出すとき、いちいち引っ掻き回さないといけないようでは、やはりストレスが溜まるだけです。

毎日入れ替えるというわけにはいかないでしょうが、1つの仕事が終わったときにでも定期的に中身をすべて出して、不要なものは片っ端から捨てることをおすすめします。その作業自体が気持ちいいし、それによってスカスカになった引き出しもまた、気分を一新させてくれるはずです。

06 カバンとともに書類も整理する

書類の山は、すっきり3つに分類できる！

カバンの中身を毎日入れ替えるとき、もっとも悩ましいのが書類をどう整理するかです。ある程度の量になれば嵩張《かさば》るし、必要といえば必要、不要といえば不要という微妙なものがよくあるからです。例えば、滅多に使うことはないものの、万が一に備えて常に持っておきたいという資料等も少なくないでしょう。

そういう場合、私は大きく3つに分類することにしています。

1つ目は、現在進行形のプロジェクトに関わるもの。これは明日使うのであれば、そのまま書類としてカバンに入れます。紙ベースであればすぐに取り出して見ることができるし、書き込むこともできます。相手に見せる場合にも便利です。またプロジェクト単位でファイリングしておけば、全体の流れをいつでも確認できます。

2つ目は、直接的には必要ないが、重要なので持っておきたいもの。これはDropboxやEvernoteのようなクラウドサービスにデータとして保存します。自分で書いた文書やメールでやりとりした資料等はもちろんですが、プリントアウトしたものをもらった場合にも、必要に応じてスキャナやスマホのカメラで取り込むようにしています。

紙ではなく「データで保存」するメリットは、容易に想像できるでしょう。まず、どれだけ分量が増えても嵩張りません。それぞれの文書にタイトルを付けることで、整理や検索も簡単にできます。

これは持ち歩く資料にかぎった話ではありませんが、紙の書類の山は混乱の元です。必要なものを探すだけで時間がかかるし、その手間を考えるだけで一気にやる気を失いかねません。データとして持っていれば、そんなリスクから解放されます。

それに、必要に応じてそのままメールで送って相手と共有することもできます。わざわざ紙で持つ必要のないものは、原本を捨ててデータとして保存するのが最適でしょう。

そして**3つ目は、重要ではないもの。**

終了したプロジェクトの資料などがこれに当たります。これは基本的に捨てます。もしかしたら将来的に必要になるかもしれないと思うものだけ、スキャナやスマホで撮っておけば十分です。

このルールを徹底すると、持ち歩く書類はごくわずかで済みます。結局、私のカバンに常時入っているものといえば、ノートPCと数冊の本（仕事の参考文献、または個人的な興味で読むため）、そしてその日に必要な書類だけ。私はけっこう移動することが多いのですが、この軽さはモチベーションを削《そ》がないという意味で、たいへんな〝武器〟であると思っています。

TPOに応じてカバンそのものを使い分ける

ちなみに、カバンといえばもう1点、カバンそのものを使い分けることも有効だと思います。特に男性の場合、仕事用のカバンというと1つしか持たないことが多いようですが、マナー的にも物理的にも複数持っていて損はありません。

例えば少し前、私はあるベンチャー企業の社外取締役に就任させていただきました。私は最年少で、他の取締役の方はすべてカッチリした身なりをされています。

その取締役会に出席する以上、私だけルーズな格好というわけにはいきません。当然、カッチリした服装をしますが、だとすればカバンもそれに合わせてカッチリしたものに換える必要があります。

最近はどんな場面でもカジュアルな服装が一般的になっているようですが、やはり相手に失礼にならないよう、最低限のマナーは守るべきでしょう。

それだけではありません。その作業の際には、**必然的に取締役会に出席している自分をイメージします**。やはりカッチリした発言をしなければと思考を巡らすことになります。つまりマナーの観点からカバンを使い分けることは、〝予行演習〟にもなるわけです。このひと手間をかけることで、会議の輪にもスッと入りやすくなるのです。

あるいはもっと単純に、その日の荷物の量に応じて使い分けてもいい。それはちょっとした気分転換にもなるはずです。

いずれにせよ、カバンの中身を毎日すべて入れ替えるとすれば、カバンそのものを換えることも大して面倒ではありません。むしろ、明日の仕事のスケジュールをよりはっきりイメージできるようになります。

ふだんカバンに関心を払っていない人ほど、こういう入れ替えは効果が高いと思います。簡単な作業でも、「行動」であることは間違いありません。その習慣が、仕事に意識を向けさせ、スムーズに取りかかる「心」を作るのです。

第2章

すぐ「自己効力感」を高める方法

07 記録するだけで自己効力感は高くなる

なぜ日本人の「自己効力感」は低いのか

「常に前向きであれ」とは、ビジネスパーソンの教訓としてよく言われることです。

しかし、前向きばかりではダメ。ときどき「後ろ向き」になることも大事だと思います。

けっして「ネガティブになれ」と言っているわけではありません。自分の歩みを記録して、それを確認しながら自信につなげようと言いたいのです。

私がケンブリッジ大学で学んだ心理学の概念のうち、特に強く印象に残っているものの1つに「自己効力感」があります。これは簡単に言えば、**ある状況に直面したとき、「自分ならクリアできる」と自分に期待を寄せること**を指します。

もともと日本人は、なぜか自己効力感が低いと言われています。例えば内閣府が2013年に行った「我が国と諸外国の若者の意識に関する調査」によると、「私は自分自身に満足している」という設問に対して「そう思う」「どちらかといえばそう思う」と答えた若者（13〜29歳）の割合は、欧米各国で軒並み70％を超え、韓国でも70％強なのに対し、日本だけ半数弱の約46％に過ぎません。

つまり、日本の特に若い人は自分自身に対して否定的で、自信を持っていないのです。必要以上に卑下しているとも言えるでしょう。それによって「どうせ自分なんか…」と最初からチャレンジをあきらめていたとしたら、たいへんもったいない話だと思います。

そんなマインドを吹き飛ばすために有効なのが、記録なのです。

日本人は概して勤勉でもあるので、「自分はダメだ」と思いつつもしっかり仕事はこなしています。ところが、前ばかり見ているためか、その実績をあまり振り返る習慣がない。今まで自分がやってきたことをしっかり認識していれば、相応に自信も持てるし、その延長線上で将来の自分にも期待感を抱けるのです。

例えば「結果にコミットする」で一躍有名になったライザップも、その重要なコンテンツの1つは、おそらく本人に食事の内容を記録させることだと思います。徹底的に糖質を制限した食事を実践してもらい、「今日はこれだけがんばったんだから、明日もできるはず」と客観的に自覚させて継続を促しているのでしょう。

今日、自分は「何をしたか」を評価してあげる

そういうノウハウを、仕事でも使わない手はありません。私が記録のために昔から実践しているのが、付箋を使う方法です。

まず、プライベートも含めてやるべきことの一つひとつを、それぞれ1枚の付箋に書き込みます。それを「午前」「午後」「夜」「予備」に区分けした1枚のA4のコピー用紙に貼り付ける。これが1日のスケジュール表になるわけです。

ポイントはここから。やるべきことが1つ終わったら、その付箋を剥《は》がして捨てる、のではありません。**貼り付けたまま、文字の上から赤線を引いて終了したことがわかるように**します。

するとその日の夜には、うまくいけば赤線の引かれた付箋がズラリと並ぶことになります。終わらないものがあれば、剥がして翌日のスケジュール表に持ち越せばいいだけです。

その一覧を眺めると、その日だけで仕事もプライベートもどれだけ進捗したかがわかります。多くの人は、「けっこうがんばったじゃないか」と自覚できるのではないでしょうか。それがわかれば自信にもなるし、明日へのモチベーションにもつながるはずです。

言い換えるなら、かならずこのスケジュール表を見返す時間を持つということです。仕事に追われていると、その日にしていた作業のことなど案外あっさり忘れてしまうものです。つまり、**自分がどれだけがんばったのかわかっていない**。周囲の人にそういう態度を取られたら落胆すると思いますが、実は自分自身も自分に対して同様に接しているわけです。だから、なかなか自己効力感を持てないのかもしれません。これはもったいないことといえるでしょう。

別に1日を振り返るのに、何十分もかける必要はありません。せいぜい2～3分もあれば済みます。通勤電車の中でもいいし、寝る前でもいい。「自分で自分を褒《ほ》める」というと持ち上げすぎかもしれませんが、やったことを自分なりに把握・評価して自信や期待につなげることは、モチベーションを維持する上できわめて重要だと思います。

08 1日の反省点や喜怒哀楽を書き出すことの効果

記録したことが〝お宝〟になる

どうせ記録をつけるなら、それは仕事の進捗状況だけではもったいない。他にも書くべきことはいろいろあると思います。

日々の仕事は、前進するばかりではありません。何かの都合で待たされて停滞したり、大きく遠回りしたり、結局徒労に終わったりすることもよくあります。それを「うまくいかなかった」というモヤモヤした印象だけで片づけてしまうと、やはり自己効力感は薄れます。

しかしうまくいかなかったとしても、そこには何らかの発見があったり、ここがダメだったんだと反省したり、次はこうしてみようというアイデアが浮かんだりするものです。あるいは「悔しかった」「落胆した」といった感情も芽生えるはずです。それは自分が仕事に真摯《しんし》に取り組んできた証《あかし》であり、オリジナリティが高いという意味では〝お宝〟でもあります。

それらをすべて、1日の終わりに思い出して書いておけば、けっしてネガティブにはならないでしょう。むしろ心を落ち着かせ、具体的な改善点を見つけられるという意味では、明日へのモチベーションにもつながるはずです。

ただし日記のような文章にするとだんだん億劫になるので、簡単な箇条書き程度のメモで十分。

そのかわり、かならず毎日継続することが大事です。「継続は力なり」と言いますが、書き続けること自体が自己効力感を高めることになります。

それに、一見すると単調な日々でも、実は小さく変化していることに気づけます。それが積み重なることで、大きな変化につながるわけです。

例えば1年前の記録を見返すと、「それなりに成長したな」と自覚できるのではないでしょうか。

ポイントは、自分で気づくこと、そして忘れないことです。幸か不幸か、人間は「忘れる動物」です。**苦労したことも、その後に得た達成感も、記録がなければ記憶の片隅に追いやられて**しまいます。それはあまりにもったいないということに、まずは気づいたほうがいいでしょう。

記録はスマホより手書きのほうがいい

ところで、昨今は記録やメモといえばスマホを使う人も多いと思います。たしかにいつでもどこでも、ペンがなくてもサッと書けます。しかも、どれだけ書いても嵩張らないし、日付別、テーマ別などで自動的に整理もできます。どうせ持ち歩くなら、記録用のノートや手帳として兼用するのは合理的かもしれません。

しかし私個人としては、本物のノートや手帳に手書きしたほうがいいと思っています。これにはいくつか理由があるのですが、1つはむしろ嵩張ることがかえっていいのです。スマホは、どれだけ書いても厚くなりません。それは見方を変えれば、書いたという実感を得にくいということでもあります。

一方、ペンで書けば、書いた分だけページは汚れるし、やがて冊数も増えていきます。それ自体に達成感があるし、ここまで書いてきたのだから続けようというモチベーションにもなるのです。

それに、手書きの場合はスマホを使うより書くスピードが落ちます。これはデメリットのように思えますが、**その分、考える時間が増えるというメリット**もあります。

実際、アメリカのある大学の調査によると、授業中の記録用にパソコンを使う学生より、ノートに手書きする学生のほうが成績がよかったそうです。手書きでスローダウンする分、立ち止まって考える余裕が生まれるのだろう、と結論づけていました。

これには、誰でも心当たりがあるでしょう。文字を手書きするとき、私たちは頭の中でいろいろ思考を巡らせます。しかしPCでカタカタと打ってしまうと、あまりにも速いため、考える暇がないのです。

その結果、PCにテキストとして多くの文書を残しても、実は何を書いたか自分の記憶に残りにくかったりする。つまり労力のわりに成果が少ないわけで、これでは効率的とは言えないでしょう。

「最近はスマホかＰＣばかり」という人ほど、自分の記録だけは手書きにしてみることをおすすめします。休止していた脳の一部が再稼働するような、ちょっとした快感を味わえると思います。

09 目標優先ではなく、「第一歩」を踏み出すこと

意味のない「目標」とは何か？

「あなたの仕事上の目標は何ですか？」

そう問われて、即座に答えることができるでしょうか。目標があるからこそがんばろうという気になるし、時間をムダにできないとも思うようになる。これは、よく言われることでしょう。

ただし、問題は目標の中身です。例えば昨今なら、「ＩＴ系で起業したい」という人が少なからずいます。それはおおいにけっこうなのですが、「では具体的に何を？」と尋ねると、意外と言葉に詰まったりします。要するに「ＩＴ社長」のイメージだけ膨《ふく》らませ、特にアイデアや技術を持っているわけでもないのです。

だから、その目標に向けて今の自分が何をすればいいのかもわからないし、起業後のビジョンも描けていない。これでは、目標の意味がありません。

あるいは起業とまではいかなくても、「IT系で働きたい」「外資系に行きたい」といった話を聞くこともよくあります。しかし、「なんとなくカッコいい」「友人に自慢できる」というのが主な理由で、ではそこで何をしたいのか、何ができるのか、というイメージは曖昧な人が多いようです。有名企業に入ることをゴールにしているとすると、今、何をすべきかも明確にはならないでしょう。これは目標というより「願望」に過ぎません。

目標を立てるということは、その一歩先にある自分の姿をイメージできることが大前提です。そこで何をしているのかが明確に見えていないと、モチベーションの糧《かて》にはなりにくい。その分、あっさり挫折しやすいと思います。

考えてみれば、日本では大学受験にも同様の傾向があります。「○○大学に入りたい」という願望だけが先行して、その大学・学部で何を学ぶのかは二の次。だから仮に合格しても、特にやりたいことが見つからないまま、4年間を遊びとバイトで費やしてしまったりする。これはたいへんもったいない話だと思います。

その延長線上で仕事も捉えているとすれば、なるべく早く認識を改めたほうがいいでしょう。

小さな積み重ねで、大きな目標に到達できる

アメリカのある調査によると、新年に立てた目標の約80％は、2月ごろまでに消滅するそうです。そもそも目標の立て方に問題があるのでしょう。だから何も行動を起こせないまま、忘れ去られてしまうわけです。

目標設定というと、まず大きな到達点を置き、そこから逆算して今やるべきことを考える、というのがオーソドックスなパターンだと思います。ただその場合、到達点が遠いと、途中で息切れしてしまうリスクがあります。

しかし、目標設定はそれだけではありません。とにかく今やるべきことを1つずつ積み上げて、最終的に自分が思い描いていた以上の到達点に至るというパターンもあります。これも選択肢として持てばいいと思います。

例えばメジャーリーグで活躍したイチロー選手は、先の引退会見で「自分の限界を見ながら、ちょっと超えていくということを繰り返していくと、いつの間にかこんな自分になっている」と語って話題を呼びました。「少しずつの積み重ねでしか、自分を超えていけない」とも述べています。

たしかにイチロー選手は、「メジャーで○本のヒットを打つ」などという目標を立てていません。それよりも、とにかく試合のたびに徹底的に準備し、一つひとつのプレーに全力を尽くした印象があります。その結果が、数々の大記録につながったのでしょう。この姿勢は、私たちも見習うべきだと思います。

つまり、目標を持つことは大事ですが、目標がすべてではないのです。余計なプレッシャーを感じたり、到達までの距離の長さに絶望したりするくらいなら、**目標を立てずにまず一歩踏み出すほうが有意義**でしょう。

言い換えるなら、これは優先順位の問題です。目標を最優先することが、かならずしも得策とはかぎりません。それより、とにもかくにも行動を起こすことが大事。一歩踏み出してみれば、また次の一歩も見つかるはずです。その延長線上に、本人も思いもつかないような到達点があると考えたほうが、ずっと気楽だしワクワクできるのではないでしょうか。

10 成功者のイメージを刷り込め

目標達成している人の姿を自分の中に刷り込む

私は目標そのものを否定しているわけではありません。繰り返しますが、ポイントは目標の先で自分が何をしているかイメージできていること、そして目標を実現するために、今何をすべきかが明確にわかっていることです。

ただ、この「イメージ」がなかなか難しい。目標を立てることは、自分にとって未踏の道を歩むことでもあります。その先の自分がどうなるか、何をしているのか、見えにくい場合もあるでしょう。だから、目標に向けた第一歩をどう踏み出せばいいのかもわからない。それが、目標を達成できない大きな理由でもあります。

ならば、イメージできるようにすればいい。もっとも有効なのは、**目標を達成した**

人の姿を何度も目に焼きつけ、イメージとして自分に刷り込むことです。

例えばダイエットしたいという目標を掲げたとしたら、すでに成功した人のノウハウを探る。周囲にいるなら聞けばいいし、いないにしても、今はInstagramやTwitter等を通じて、体験談を含めて〝ダイエット自慢〟をしたい人が多数います。それらを参考にすれば、自分が何から始めればいいのか、具体的に見えてくるのではないでしょうか。

私も数年前に初めて本を書くことになったとき、「とにかくいい本を作りたい」という思いから、まず始めたのは売れている本を調べること、そしてその著者の方々にできるだけお会いしてお話を伺うことでした。どんなことを考えて本を出そうと思ったのか、どんな構成や見せ方の工夫をしているのか、等々です。

その結果、私が勝手に思い込んでいたイメージとずいぶん違うことがわかりました。売れる本には、相応の理由があるのです。出版は私にとってまったく知らない世界だったので、おおいに学ばせてもらいました。

それを糧にして書いたのが、『偏差値30でもケンブリッジ卒の人生を変える勉強』

（あさ出版）です。これが予想以上に売れてくれたおかげで、私はその後も多くの本を書く機会をいただけるようになりました。思い込みだけで突っ走っていたら、おそらくこうはならなかったと思います。

自分の手の届く範囲でアクションを起こす

また、同志社大学を卒業後にケンブリッジ大学大学院に進学しようと決意したのも、実際に留学を経験された方からのアドバイスがきっかけでした。

学生時代に留学したいと思い立ったものの、当時の私にとっては雲を摑むような話です。そこで次に考えたのが、経験者の話を聞くこと。「留学フェア」のようなイベントを探して参加し、その機会を得ました。いろいろ話を聞きながら、ある種の〝疑似体験〟ができたのです。

これにより、夢でしかなかった留学が急に現実味を帯びてきました。留学している自分を具体的にイメージして、「自分にもできるのではないか」「現地ではこんなことを学びたい」「それにはこんな準備が必要」などと実現に向けて考えることができるようになったのです。

もし「留学したい」と夢想するだけだったとしたら、夢のままで終わっていたかもしれません。あまりにもゴールが遠く感じられて、一歩も動かずに「どうせ無理だ」と最初からあきらめていたおそれがあります。

しかし、とにかく自分の手の届く範囲でアクションを起こすことが大事。例えば留学なら、ガイドブック等も多数あるし、ネット上にも体験談を含めて無数の情報があります。それらを手当たり次第に読んでみることなら、今すぐにでも始められるでしょう。

私の場合は、特に人に会って話を聞くことを重視しています。活字情報もいいのですが、リアリティが違います。直接的なコミュニケーションで得られる情報は多いし、それなりに緊張するので吸収度も高くなります。もちろん、些末《さまつ》な疑問についてダイレクトに聞ける良さもあります。そして何より、夢だと思っていたことでも、急に身近に感じられるようになるのです。

それはちょうど、好きなアーティストのライブに行く感覚に近いと思います。音楽さえ聞ければいいのなら、別にＣＤでもネットでもいいはずです。しかしライブに行くと、そのアーティストのことがもっとよくわかるし、親近感が湧いてきます。その感覚が大事なのです。

11 「失敗」も8割想定内にする

失敗の原因を最初からイメージしておく

何かの目標を立てると、それを実現した自分の姿をイメージして、〝夢〟がいろいろ膨らむものです。それが「すぐやる」の原動力になることは間違いありません。

ところが先にも述べたとおり、往々にして目標は〝夢〟に終わりがちです。原因はいろいろ考えられますが、ちょっとした挫折や軌道修正をきっかけに、あっさりあきらめてしまうことが少なくないようです。

ならば、目標設定の段階で、挫折や軌道修正を織り込んでしまえばいい。そう提唱したのが、ニューヨーク大学のガブリエル・エッティンゲン教授による「メンタル・コントラスティング」です。

ここで言う「コントラスティング」とは、「何かと何かを対比する」ことを指します。うまくいったときの自分をイメージするのはおおいにけっこう。同時に、うまくいかないケースもあらかじめイメージするのです。

目標達成への道で、何が障害になるのか、どんな事態が起こり得るのか、その原因はどこにあるのか、できるかぎり洗い出して対策を検討しておく。そうすると、困難に陥りそうになる前にある程度回避できるし、**いざ困難に直面しても「想定内」なので動揺せず、結果的に目標達成率が高まる**というわけです。

要するに、自分を過信せず、「やればできる」式の精神論に頼らず、かといって必要以上におそれず、現実をしっかり見つめようということです。目標はポジティブ・シンキングを前提に立てられるものですが、それだけだと「机上の空論」になりがちです。最初からネガティブなことも想定することで、地に足が着くわけです。

挫折の〝芽〟は早いうちに摘む

例えば、「ダイエットして○キロ痩せる」という目標を立てたとします。実現したらどんな服を着て、どこへ出かけ、その姿を誰に見せたいか、いろいろ〝妄想〟は膨らむところでしょう。

そんな理想像を夢見て、例えばジムに通うとか、通勤でもひと駅手前で降りて歩く時間を増やすとか、間食を控えるとか、夜中のラーメンを厳禁にするとか、さまざまな手段を講じるはずです。ここまではけっこう。

ところが、どれほど最初の決意は固かったとしても、しだいに緩み始めるのが人間です。仮に長く歩いたとしても、その途中にコンビニがあると、つい「ちょっと甘いものでも」という誘惑に駆られたりします。むしろ「これだけ歩いているんだから、ちょっとぐらいご褒美があってもいいんじゃないか」と正当化しかねません。その瞬間、ダイエットの目標は頓挫《とんざ》、もしくは先のばしされるわけです。その後のモチベーションはガタ落ちでしょう。

あるいは誘惑に勝ったとしても、それだけでストレスが溜まります。それが毎日続くとすると、なかなかの〝地獄〟だと思います。間違いなく、これもモチベーションを下げる原因になります。

しかし自身の今までの行動パターンを振り返ってみれば、目標を立てた時点で、こういう事態は容易に想像できると思います。ならば、**そもそも誘惑に接触しないように工夫すればいい**のです。

右の例なら、コンビニのないルートを選ぶといった対策が考えられるでしょう。

もっとありがちな例で言えば、「買い置き」も要注意。ときには自宅に仕事を持ち帰ることもあるかもしれません。しかし帰宅して気が緩んでビールの1本でも空けてしまうと、もう仕事になりません。こんな経験は、誰にでもあるでしょう。

ならばやはり、帰宅途中にコンビニや酒屋の前を通らなければいい。しかし自宅に買い置きがあれば、こんな対策もムダになります。特にビールや発泡酒の場合、ケースでまとめ買いしたほうが安くなるので、買い置く可能性が高いと思います。

そうすると1本では終わらず、「どうせ安かったんだから」と2本目に手を伸ばしてしまうおそれもある。仕事などますますできないし、コンビニ等で1本だけ買ってくるより、トータルのコストは高くなります。結局、酔う心地よさより、自己嫌悪のほうが勝《まさ》るのではないでしょうか。

かといって、目の前にビールがありながら手を伸ばさないのも、なかなか辛いものがあります。

そこでストレスを溜めるくらいなら、「まとめ買いを止める」のが最善の手でしょう。

目標を達成しようと思うのなら、このように「誘惑」を自分の目の届く範囲に入れない、というのが有効なのです。

12 うまくいかないなら、ギリギリまでハードルを下げる

失敗の連鎖をふせぐ考え方

当たり前の話ですが、仕事はうまくいかないことがよくあります。プレゼンで失敗したり、プロジェクトが打ち切りになったり、あるいは期限に間に合わなかったり、それによって上司や取引先から叱られたり。

むしろスムーズに進行することのほうが少ないかもしれません。

世の中はそこそこ寛容なので、1度や2度の失敗で居場所を失うようなことはありません。しかし、同じような失敗を3度、4度と繰り返すようだと、さすがに立場が危うくなります。またそういう事例は、意外と多いのではないでしょうか。

失敗を繰り返すというのは、能力の問題というより、心の持ち方の問題だと思いま

す。

「自分はダメだ」「能力がない」と思ってしまうと、やる気を失って失敗を防ぐための対策がとれなくなるものです。それが失敗の連鎖につながるのです。

逆に言えば、**失敗したときでも、いかにポジティブな気持ちを維持するかが重要**なのです。

そのためには、自分を責めないこと。むしろ上手に〝言い訳〟してもいいと思います。なぜうまくいかなかったのか、他人への責任転嫁はみっともないですが、事実関係を冷静に反省、分析して、失敗の原因をさぐるのです。

例えば、別のイレギュラーの仕事が入ったために時間を割けなかったということもあるでしょう。コミュニケーション不足でチーム内の連携がうまくいかなかったり、そもそも知識や情報が不足していたり等々もよくあります。

それを自分で把握できていれば、「今回の失敗は仕方ない」と思えるし、次はそれを反面教師としてやり直せばいい。つまり、「失敗したけれど、自分をコントロールできている」ということなので、別に自信を喪失することも、落ち込む必要もないのです。

とにかく「やり遂げた」という実感を持つ

私も、自分自身を含めて多くの人のうまくいかない様子を見てきました。人それぞれに〝言い訳〟はありますが、まだまだ反省・分析が足りないと思うことが多々あります。

しかし、意外に多いのが、「自分はダメだ」と思うことの裏返しとしての「過信」です。

例えば、「仕事上で英会話が必要だが、どうしても苦手」という社会人は少なくありません。「問題集を買ってきても、三日坊主で飽きてしまう」という相談を受けることがよくあります。

しかし私から見ると、その原因は選んだ問題集のレベルが高すぎることにあるのです。中学・高校・大学とそれなりに英語を勉強してきたので、ある程度は話せるという自負があるのでしょう。それが「過信」で、実力に合わないから「ダメな自分」と直面することになる。それがイヤで途中で投げ出してしまうわけです。

実際にやるべきことは、まったく逆だと思います。**最初はハードルをギリギリまで下げたほうがいい。**だから私はこういうとき、「とにかく一番薄くて簡単そうな問題集から始めてみては？」とアドバイスすることにしています。それは社会人向けではなく、小学生・中学生向けでもけっこうだと思います。

最初は「ダメな自分」を見るようで抵抗があるかもしれませんが、それより重要なのは、とにかく1冊やり切るということです。その経験があると、**「ダメとは言い切れない自分」と出会う**ことになります。

またそのとき、私は「その問題集は捨てないでください。むしろ書棚のいつも見える場所に置いてください」とも伝えます。それを見るたびに、「これができたなら、もう少し高いレベルもできるんじゃないか」と思えるからです。こういう小さな積み重ねで根拠のある自信を持てるようになると、行動もしだいに加速していくのです。

かくいう私も高校時代、まったく成績が底辺だったころは、どんな参考書も理解できずに何度も挫折しました。しかしあるとき、日本史の試験前に小学生向けの歴史漫画を〝読破〟して、ようやく「自分でも読めた！」と自信を持つことができたのです。それをきっかけとして、参考書等のレベルを少しずつ引き上げていきました。

必要なのは、とにかくやり遂げたという実感です。その経験がないうちは、「またやり遂げられないいんじゃないか」と不安でいっぱいになったり、「やり遂げられない自分」を刷り込んでしまったりする。小さなことでもやり遂げれば、この悪循環から脱却できるのではないでしょうか。

第3章

すぐ他人を巻き込め

13 モチベーションがかならず上がる方法

外側からの力で自分を追い込む

自分を動かすには、大きく2つの要素があります。1つは内発的なもの、もう1つが外発的なものです。

内発的なものといえば、これまで述べてきたような目標設定が典型でしょう。要するに、自分の内側からやる気をかきたてるように仕向けるわけです。

それに対して外発的なものとは、文字どおり外側からの力で自分を鼓舞することを指します。要するに、周囲の人を巻き込んで自分を追い込むということです。

例えば上司に対し、自分から「今日はこの仕事を終わらせます」と宣言したとすると、もうモチベーション云々と言っている場合ではなくなるでしょう。自分で言った以上、終わらせなくてはいけない、と思うはずです。

私はモチベーションについて多くの方から相談を受けますが、「追い込まれないとできないんです」と卑下して語る方が少なくありません。ならば、**率先して自分を追い込む状況を作ればいい**。「追い込まれる」という受け身の姿勢だから、余計なプレッシャーを感じるし、「自分はダメだ」と思ってしまうのです。自分で約束して自分で守るなら、むしろ「有言実行の人」として周囲から称賛されるのではないでしょうか。

これを繰り返せば、自分を動かすコツがわかってきます。またどの程度の質や量をこなせるかも把握できます。それが自信になって、「追い込まれなくてもできる自分」になっていくわけです。

どんな仕事であれ、周囲の人との連携で成り立っています。そこには当然、納期があるし、一定の量や品質も要求されるはずです。それを「やらされている」と思うから、やる気が起きないのです。

どうせやらざるを得ないなら、自分から「やってやる」という状況を作ることで、気持ちもガラリと切り替わるのではないでしょうか。自分でハードルを設定することは、自分への期待感を高めることになります。またそれを自分でクリアすることは、自己効力感を高めると言われています。

「納期」を自分から宣言しよう

例えば私の場合、最近は複数の出版社から本を書く機会を多くいただいています。しかし1冊を書き上げる作業は、一朝一夕《いっちょういっせき》にできるものではありません。他の仕事と並行しながら、長い時間をかけて書いていくことになります。

すると当然、途中で行き詰まったり、飽きてきたりすることもあります。またスケジュールを組んで執筆の時間を確保しているのですが、他の業務で突発的な事態が発生し、書く時間を削らざるを得なくなることもあります。そうすると予定がズレて、ますますモチベーションを削がれたりするわけです。

しかし、本の原稿にももちろん締め切りがあります。私の立場でそれを遅らせることはできません。また担当の編集者さんに「まだですか?」と催促されるというのも、気分のいいものではないでしょう。

そこでこういうとき、私は最終的な締め切り日から逆算して、編集者さんに「○日までに○章までを送ります」と先に宣言するようにしています。自分から宣言した以上、それを守らないわけにはいきません。そうすると、必然的にモチベーションのスイッチが入るわけです。

これは本を書くという特殊な作業の話ですが、どんな仕事にも当てはめられると思います。むしろ日常の業務であれば、ゼロから自分で作り上げていくというより、1つのシステムの中で決まった役割を果たすことが多いでしょう。それを「ノルマ」とか「責任」などと考えると、縛られているようで気が重くなるのです。

ならば、その状況を変えればいい。ポイントは大きく2つあります。1つ目は、与えられた役割の中でも、例えば納期や作業の進め方、あるいはこなす量や質などについて、**自分の裁量で決められる要素を見つけること**。そして2つ目は、それを**周囲や上司などに公言すること**です。

この2つを実践すれば、かなり主体的に動いている気がしてくるはずです。好むと好まざるとにかかわらず、上司や同僚は常に周囲にいます。彼らに「外発的要因」になっていただくことで、自分のモチベーションを上げてしまえばいいのです。

⑭ すぐやる人は、1人で完結しない

フィードバックが、やる気をもたらす

例えば運動不足の解消のためにジョギングを始めても、長続きしない人は少なからずいます。だんだん面倒になるし、何より1人で走っていても張り合いがないから、というのが主な理由のようです。

では、もしジョギングのチームを作って常に一緒に走ることにしたらどうでしょう。たとえ「今日は面倒だな」と思う日があっても、そう簡単には休めなくなるはずです。あるいは走りながら雑談したり、お互いの目標を確認し合ったりできれば、走ること自体が楽しくなると思います。つまり、仲間を作って何かをやることも、自分を動かすための大きな「外発的要因」になり得るわけです。

本来、仕事も同様だと思います。1人で完結することは、まずありません。チームで連携したり、分担したりするのがふつうでしょう。理想を言えば、お互いに協力し合ったり励まし合ったりすることで、モチベーションを上げることはできるはずなのです。

ところが、そう実感している人は少ないようです。人間関係がギクシャクしたり、コミュニケーションが希薄だったりして、たとえ上司や同僚が近くにいても「1人で仕事をしている」という意識のほうが強いのではないでしょうか。だから孤独感や疎外感に苛《さいな》まれて、なかなか前向きになれないのかもしれません。

もちろん、利害関係や相性もあるので、「みんな仲良く」とはならないでしょう。しかしそれ以前の問題として、概して日本人は共同で1つの作業をすることに慣れていない気がします。少なくとも、そういう訓練を受ける機会は少なかったと思います。

それを象徴するのが、学校の教室の机の配置。1人1席ずつで、すべて前方の黒板に向かっているのがスタンダードです。つまり勉強とは、あくまでも1人1人がバラバラでやるもの、という前提になっているわけです。隣の席のクラスメイトは友人かもしれませんが、共同で学び合う関係ではなかった。テストの点数や受験という点では、むしろライバルでもありました。

だから社会に出てからも、1人で作業する癖が抜けにくいのです。人に頼ってはいけないと思い込む傾向があるし、誰かと協力するより1人で抱え込んだほうがラク、という声もよく聞きます。

周囲の人に伴走者になってもらう

それで仕事が捗《はかど》れば何ら問題ないのですが、生産性を下げていることが少なくありません。1人の作業なのでダラダラして納期に遅れたり、場合によっては重大な問題まで1人で抱え込んだりして、結果的に組織に迷惑をかけてしまうこともあります。

かといって、いきなり周囲に「手伝って」とも言いにくいでしょう。仕事の進め方は組織全体の問題でもあるので、個人で変えるには限界があります。

しかし、変えられる部分もゼロではありません。

その基本は、コミュニケーションを増やすこと。別に仲良くするとか飲みに行く機会を増やすという意味ではなく、仕事上のパートナーに〝伴走者〟になってもらい、叱咤激励《しったげきれい》してもらうわけです。

例えば私の場合、上司や同僚ではなく出版社の編集者さんを対象にした話ですが、執筆中の本の進捗状況を報告することはよくあります。あるいは適度なタイミングで、リマインダー（予定の通知）を送ってもらうようにお願いすることもあります。本を書くという作業は孤独なものですが、「原稿を待っている人がいる」と思えると、より良いものを書こうという意欲が湧いてくるのです。

またそのやりとりの延長線上で、編集者さんから、「面白そうですね」「こういう話を入れてはどうですか」などと感想やアイデアをいただけたりします。それに触発されて、筆が進むこともよくあります。自分のやったことに対して何らかのフィードバックがあることは、自己効力感を確実に高めてくれるのです。

会社組織内でも、これは可能でしょう。**例えば上司に対し、自分が抱えている仕事の経過報告をこまめに行う。**口頭で伝えるのが面倒なら、メールで送っておけば十分です。

こういうものを送ると決めた以上、「何もかも進んでいません」では格好がつきません。ある程度の成果を出そうという気になるはずです。また上司の側も、部下の仕事の経過がわかるという意味では助かるはず。何らかのフィードバックを行うでしょう。そんな些細なコミュニケーションも、外発的要因になるのです。

⑮ すぐやる人は、すぐ質問する

「わからないこと」を素直に聞けますか

先ほど、日本の学校教育は1人1人がバラバラという話をしましたが、対照的なのがイギリスの小学校です。机は1人ずつではなく6人ほどで1つをシェアする形で、成績もそのグループ単位で評価されることだってあります。

だから、子ども同士で教え合うのが当たり前。例えば算数が得意な子は算数を、社会が得意な子は社会を、グループ内の苦手な子に〝個人指導〟するわけです。そうしてグループの底上げを図らないと自分の成績も上がらないという現金な事情もありますが、こんな日常を通じて、仲間内で教える・教えられるという大事なコミュニケーションを学んでいくのです。

特に価値があると思うのは、苦手な子がわからない箇所を堂々と質問できるということです。わかったようなフリをすると、かえってグループに迷惑をかけることになる。だから、むしろ質問しなければいけないのです。

こういう文化は、日本の組織に思いっきり欠けているのではないでしょうか。会社では新入社員に対し、「わからないことは何でも聞いて」と常套句を言います。額面どおりに受け取ればいいのですが、子ども時代から質問することに慣れていないため、わからないことがあってもつい躊躇《ちゅうちょ》する。「こんなことを聞いたらバカにされるのではないか」「相手に迷惑ではないか」などと考えてしまうわけです。

その結果、1人で抱え込んで悩んだり、勝手に先送りしたり、大きなミスにつながってかえって組織に迷惑をかけたり、といったことはよくあります。これは組織の雰囲気の問題でもありますが、個人でも打破していく必要があると思います。

私の知るかぎり、**中長期的な目で見て伸びる人に共通するのは、何でも素直に質問していること**です。質問をしたほうが早いし、正確です。しかも何かアドバイスをもらったら、ただちに実践してフィードバックしようと思うのが人情でしょう。それを繰り返すうちに、しだいに独自色をつけて「できる人」と呼ばれるようになる、というのがパターンです。

質問が組織の生産性を高める

これは偶然でも素質でもなく、人が成長するための王道です。要は、恥ずかしがったり遠慮したりせずに質問できるかどうか。たしかに、「そんなこともわからないのか」とバカにされる可能性もゼロではありませんが、それがかえって愛嬌になり、サポートしてくれる人が自然と集まってくるかもしれません。

そのことは、逆のパターンを考えてみればわかると思います。もし自分が誰かからアドバイスを求められたら、邪険に扱うでしょうか。できるだけ役に立ちたいと思うし、それによって相手が喜んでくれたり、成長してくれたりしたら嬉しいはずです。

誰もがこういう感覚を持っていると信じて、わからないことはどんどん質問すればいいと思います。

ただし条件は、**言われたアドバイスに最低1度はしたがい、よかれ悪しかれできる**

だけ早く結果を報告すること。それが質問する側の義務であり、礼儀です。

そうすると、もう先のばししている場合ではなくなるでしょう。これも、人を巻き込んで「すぐやる」方法の1つです。

ついでに言えば、組織内で質問し合えるような雰囲気を作るには、上司の役割がきわめて大きいと思います。上司だからといって、問題を1人で抱え込んだり、常に質問に答える側だったりする必要はありません。むしろ積極的に部下に質問したり、相談したりしたほうが、いわゆる〝風通し〟はずっと良くなると思います。

もちろん、「どうしてできないんだ?」といったネガティブな質問はNG。「どうすれば前年同期の実績を超えられるか?」「難航している取引先との交渉に突破口はないか?」など具体的かつ前向きに意見を求めれば、部下も「一緒に考えてみよう」という気になるでしょう。

それも上から目線ではなく、本当に困ったような姿勢で聞くのがコツ。よほど日ごろの人間関係が荒《すさ》んでいないかぎり、部下としても「助けてあげよう」とも思うはずです。これは、部下に当事者意識を持たせ、「仕事をやらされている」ではなく「組織に貢献している」と思ってもらうためにも有効です。

こういうやりとりが日常的になれば、逆に部下からも質問しやすくなります。それが組織の生産性を高めることは、間違いないでしょう。

壁にぶつかったときこそすぐ「相談」をする

以前、山形県で英語の勉強をされている社会人の方が、わざわざ深夜バスに乗って京都の私のところに相談に来られたことがあります。

お話を伺うと、イギリスの大学大学院への留学を目指して英語の検定試験を受けているものの、リスニングだけがどうしても苦手とのこと。自宅のみならず通勤中もイヤホンで欠かさず英語を聞くほど万全の準備をしているのですが、いざ試験となると聞き取れなくなるそうです。

私はそのとき、「原因はイヤホンだと思いますよ」と答えました。試験中の音声はイヤホンではなくスピーカーから流れます。したがって当然、周囲の雑音も混じって耳に入ります。ふだんイヤホンで周囲の音を遮断して聞いていたため、試験中はその雑音がストレスになり、本来のパフォーマンスを発揮できなくなっていたのです。

だから私は、続けてこうアドバイスしました。「これからリスニングの勉強をされるときは、部屋の窓を開けて外の雑音が入る環境にしたほうがいいですよ」。この方はそれを実践されて検定試験の点数を引き上げ、現在は本望を叶《かな》えてエジンバラ大学大学院に留学されています。

これは勉強の話ですが、仕事でも参考になると思います。かなり努力しているのに、なかなか結果がともなわないことはよくあるでしょう。それは努力が足りないのではなく、努力の方向性が間違っているからかもしれません。

ところが、本人はそのことになかなか気づきにくいものです。これまでの自分の努力を否定するのが怖い一方で、結果が出ていない焦りもある。その挙げ句、「自分は能力がない」と勝手に決め込んでモチベーションを下げてしまうわけです。

そこで重要なのが、**客観的な視点からのアドバイスです。特に、その道に詳しい人からのアドバイス**なら値千金《あたいせんきん》でしょう。

ただし、黙っていては誰も教えてくれません。しかるべき相手に自分の現状をつぶさに報告し、何が悪いのかを尋ねる。本当の能力とは、わざわざ深夜バスでアドバイスを求めて駆けつけるような、真摯な姿勢を持っているかどうかで決まる気がします。

16 徹底的に「できる人」になりきろう

慣れない仕事、初めての仕事は人に頼れ

今までやったことのない仕事をオファーされることは、誰にでもあると思います。上司から「やってみろ」と言われる場合もあるし、取引先や顧客から頼まれることもあります。

当然、それはチャンスでもありますが、やり方がわからないという意味ではリスクでもあります。「失敗したくない」という思いも強いので、いろいろ思い悩むことになるでしょう。結局、逡巡するばかりで一歩も前に進めない、ということになりがちです。その先に待っているのは、焦りと自己嫌悪。そのうち考えるのもイヤになって、無意識のうちに、もしくは意図的に先送りしてしまう、というのが最悪のパター

ンです。

こういう状況を脱する特効薬は、とにかく人に頼ること。どれほど自分にとってハードルの高そうな仕事でも、それが人類史上初ということはあり得ません。ましてビジネスパーソンとしての仕事であれば、難なくこなしている人が世の中に無数にいるはずです。その仕事ぶりを見習い、参考にするのが第一歩です。

昨今なら、仕事上のノウハウや情報もネット上に溢れています。あるいは関連する書籍も多数あります。それらを参考にすれば、どんな仕事でも輪郭は摑めるはず。これは当たり前の話でしょう。

しかし、そこから知識は学べても、リアリティやディテールまでは伝わってきません。それらをダイレクトに受け取るには、**その仕事をこなしている人を見習うこと、そしてマネること**です。

そういう目で組織内や社内を見渡せば、比較的簡単に見つかるのではないでしょうか。

私は先日、ある会社の取締役への就任を要請されました。それを快諾して初めて取締役会に出席することになったのですが、どうやら私が最年少とのこと。そこで勉強も兼ねて、その会の議事録をまとめるよう依頼されました。

しかし私は、これまで議事録というものを書いたことも読んだこともない。下手なものを書いて迷惑をかけたくないという気持ちもあったし、どうせ書くなら読み返して価値があるようなものにしたいという思いもありました。ところが議事録の何たるかがわかっていない以上、手の打ちようがなかったのです。

「第一人者」を味方につけよう

イメージできない仕事ほど、先のばししたくなるのが人情です。それは逆に、イメージさえ摑めれば動き出せるということでもあります。

そこでまず手をつけたのが、やはりネット上にある議事録をいくつか拾って読むこと。これで議事録の何たるかはだいたいわかりましたが、千差万別で自分がどう書けばいいのかまではわかりません。次に頼ったのが、過去に議事録を書いた経験のある友人たちです。都合よく大企業と中小企業それぞれに経験者がいたので、学ばせてもらいました。

聞いてみてわかったことは、何気なく書かれている議事録にも、いくつものコツや書き手ならではの工夫が盛り込まれているということです。それらは、直接聞かなければわかりません。また実際に書いた人の話を聞いていると、「自分もできそうだな」と思えてくるものです。**たとえ根拠はなくても、そんな気になることが重要**なのです。

あとは、彼らから学んだことをベースにしつつ、私が出席する取締役会の規模や議事内容にアジャストしていけばいいだけ。議事録というものをまったく知らない状態からでも、人を頼れば短時間でここまで〝成長〟できるのです。

実はこれは、私が初めての仕事にチャレンジする際の黄金パターンでもあります。かつてマイケル・ジャクソンの専属振付師で、映画『This is it』のディレクターでもあるトラヴィス・ペイン氏の来日イベントのMC兼通訳を依頼された際も、あるいは初めて人前で講演するよう依頼された際も、当初はまったくイメージできずに慄《おのの》くばかりでした。

それを乗り越えられたのも、やはり**人に頼ったから**です。通訳や講演の第一人者の方々を直接・間接に取材または観察し、その人になり切るぐらいの勢いで徹底的に分析してイメージを摑んでいきました。そうすると、やる前から自信が湧いてくるものです。

これは、どんな仕事でも応用できます。未経験の仕事のチャンスが巡ってきたら、1人で思い悩む前に、周囲の「できる人」を徹底観察・分析することから始めてはいかがでしょう。

⑰ ムダな「会議」で消耗するな

まずは会議には出ない方法を考えよう

多くのビジネスパーソンにとって、ストレスのタネの1つが会議でしょう。何かの重要事項が決定するならまだしも、惰性で続いている定例会議や、単なる報告・連絡だけで終わる会議、発言する人がごく一部に限られ、なおかつダラダラ続くような会議も少なくありません。

そういう会議に出席すればするほど、当然ながら自分の時間は減ります。疲れるだけでやる気も削がれ、ダラダラ続けているうちに残業になり……、というのがよくある最悪のパターンでしょう。

ならば**本当に自分が出なければいけない会議なのか**、考えてみてもいいと思います。もちろん、役職上やしがらみで出席せざるを得ない会議もあります。しかし、仮に欠席しても業務上または人間関係上さして問題にならない会議もあるはずです。

その場合には、あえて外部の人とのアポイントをぶつけるなどして、欠席の方法を模索してみてはいかがでしょう。その会議が長引きそうなら、外出したままカフェやコワーキングスペースなどで仕事をする手もあります。

少なくとも、「イヤだな」「ムダだな」と思いながら不毛な会議に時間を奪われるよりは、よほど建設的です。結果的にいい仕事ができれば、欠席に目くじらを立てられることもなくなるし、会社にとってもプラスでしょう。

あるいは組織内でそれなりに影響力のある立場なら、できるだけ会議を減らすように働きかけてもいいと思います。本来、会議とは全員がアイデアを出し合って何らかの結論に達する場です。その条件に見合わない会議なら、一斉メールで済ませるとか、出席者を絞り込むとか、いろいろ代替案はあるはずです。

必要な会議、必要でない会議

　ただし、組織において会議が重要であることは間違いありません。1人で考えていても埒《らち》が明かないとき、複数で問題を共有して話し合うことで、芋づる式にアイデアが浮かんでくることはよくあります。

　それに昨今はSkypeなどを使った遠隔会議も可能ですが、重要度が高い場合や詳細を詰める必要がある場合は、やはりできるだけ直接会う形のほうが望ましい気がします。

　例えば先日も、私はある韓国企業の方とソウルと京都を結んで遠隔会議を行いました。たしかにお互いの〝顔〟を見ながら話すわけですが、やはり現地でいろいろなものや場所を見ながら話したほうが早いな、と思う面が多々ありました。アナログ的な発想かもしれませんが、同じ空気を共有していないと伝わり方も違うし、認識の微妙なズレも調整しにくい気がするのです。

　まして、何かの商品やその試作品などについて議論する場合には、その現物を囲みながら話したほうがいい。たとえ手間がかかったとしても、その製造現場などに赴《おもむ》いて話し合えば、もっと情報や認識を共有できるのではないでしょうか。

もちろん、遠隔会議も悪いわけではありません。仮にメールのやりとりだけだとすれば、当然ながらタイムラグが生まれます。そのたびに目の前の作業を中断するとなると、かえって時間や労力のロスは大きくなるでしょう。

それに何より、文字情報だけでは相手の真意や感情まではなかなか読み取れません。その点、画面越しとはいえ表情や音声のニュアンスが伝われば、お互いの真意や感情もわかります。その情報量の多さは、メールの比ではありません。

ポイントは、これらをうまく使い分けることです。今はリアル会議や遠隔会議の他にも、LINEやSNS、SMS、それにメールなどコミュニケーション手段は多々あります。このうち何を選択するかが、仕事を効率的に進める上ではきわめて重要だと思います。

その1つの基準は、優先順位の高さでしょう。ムダと思える会議はできるだけ逃げる。一方で熱意を感じるプロジェクト等なら、「ぜひお会いして詰めましょう」という話になる。確認事項だけならメールで十分。あるいは「一度会ってお話を」というオファーもよくありますが、「その前にメールで詳細を」とひと呼吸置く。

こういう選択を的確にできるかどうかが、自分の時間をどれだけ作れるかに直接跳ね返ってくるのではないでしょうか。

⑱ 異質な人との出会いで殻を破る

自分の限界を勝手に決めていないか

『論語』の中に、「今汝《いまなんじ》は画《かぎ》れり」という言葉があります。孔子が弟子に対し、「お前は今、自分で自分の限界を決めてしまったのだ」と諭《さと》したのです。これはすべての人が肝に銘じるべき、たいへんな名言だと思います。

私たちは、意識的または無意識的に、自分の限界を低く設定しがちです。例えば1日の仕事量の上限を10とすれば、8ぐらいで合格、12もできれば上出来と判断したりするわけです。

しかし、本当に10が上限でしょうか。もしかしたら、20でも30でも可能かもしれません。ところが、自分自身でそれに気づくことは難しい。「自分なりにがんばっている」「これ以上、仕事を増やすと失敗のリスクが高くなる」等々、現状を肯定しようという意識が働くからです。だとすれば、能力をムダに殻に閉じ込めているわけで、たいへんもったいない話です。

では、どうすればその殻を破れるか。もちろん自発的にチャレンジしたり、自己啓発書などで触発されたりといったケースもあるでしょう。しかしもっとも可能性として高いのは、直接会った人に感化されることではないでしょうか。

それも**異業種・異業界の、自分とはまったく異質な世界の人**のほうがいい。同じ組織の上司や同業者では、常識や発想も似たり寄ったりになりがちです。共通する枠組みで話せる安心感はありますが、刺激という意味では今ひとつでしょう。

しかし異質な人の場合、常識が揺さぶられます。もちろん相手にもよりますが、思いもよらないビジネスで稼いでいたり、自分よりはるかに時間と労力をかけて何かに打ち込んでいたり、奇抜なアイデアや特殊な情報を持っていたり。世の中には実にさまざまな人がいて、いろいろな生き方があるものです。

そういう人と話すと、自分がいかに狭い世界で生きていたかを実感できるでしょう。限界と思っていたことも、まだまだ甘かったと気づかされると思います。

セミナーや講演会を活用する

とはいえ、ふだん自宅と職場を往復する日々の中で、そういう人たちと出会う機会は滅多にないでしょう。

そこでおすすめなのが、興味のある分野のセミナーや講演会に出かけることです。そういうイベントでは懇親会もセットになっていることがよくあるので、そこにも時間の許すかぎり参加する。そこには、多種多様な同好の士が集《つど》っているはずです。

ただし条件は、**かならず1人で参加する**こと。仲間同士で出かけると、たとえ懇親会があっても仲間内だけで固まってしまうからです。これでは、せっかく新しい人に出会えるチャンスを逃してしまいかねません。1人で行くからこそ、多少の勇気は必要ですが、居合わせた人に話しかけようという気になるのです。

例えば実務的な話ですが、私が先日もこういう場に参加したとき、ある異業種の方からフリーランスの外国人を探す海外のサイトを教えていただきました。有能な人がエントリーしているので、一時的に仕事を頼みたいときには低コストで最適とのこと。

ちょうどそのころ、私は新規事業のために外国人を採用しようと考えていたところでした。それには社員として長期雇用しなければならないと思い込んでいたのです。だとすれば仕事を継続的に提供しなければならず、それが悩みのタネでした。

しかし個人の外国人にアウトソーシングできるなら、それに越したことはありません。必要なときに、必要な仕事だけしてもらえれば、余計なコストも気苦労もかかりません。このサイトの存在を知って、私の悩みは一気に解消したのです。

私たちはある程度の年齢と経験を重ねると、世の中のことをだいたいわかったような気になるものです。しかし、**わかっているのは世の中のほんの一部だけ。知らない世界に出合っていないだけ**。そういう謙虚な姿勢で、さまざまな人と接することが大事だと思います。

そうすると、パッと視界が開ける瞬間があります。視界が開ければ選択肢が増えます。それは自分の思い込んでいた枠組みを破壊することにもなるので、不快感をとも

なうかもしれません。しかし選択肢があることにすら気づかずに行き詰まっているよ
り、ずっと動きやすくなるのではないでしょうか。

第4章

集中する&ゾーンに入る

19 すべては「手書きメモ」から始まる

自分にスイッチを入れるメモ

近所のスーパーでいろいろ買ってきたのに、肝心なものを買い忘れる――記憶力の良し悪しに関係なく、こんな経験は誰にでもあるでしょう。

これを防止する最強の方法は、買うべきものをあらかじめリストに書き出しておくことです。そのリストを片手に、カゴに商品を入れながらチェックを入れればなお安心。よほどのことがないかぎり、もう買い忘れることはないはずです。

同じことが、仕事についても言えます。本来はやらなければならないはずのことを、うっかり忘れることがあります。1人でいくつもの仕事を抱えることはよくあるし、特に昨今はたまたま見たネットやメールに意識を奪われることも日常茶飯事です。「うっかり」のリスクは誰でも一様に高いと思います。

これを防ぐには、やはり「やることリスト」のようなものを作成するのが確実でしょう。それも「ＴｏＤｏリスト」のようなレベルではなく、細かいことまで徹底的に書き出す。例えば何かの作業中にある事柄について調べようと思ったら、ＰＣやスマホに手を伸ばす前に「〇〇について調べる」とメモに残すのです。

ＰＣやスマホは誘惑の宝庫です。ある目的で使っていても、まったく別の情報に目が眩《くら》み、つい読み耽《ふけ》ってしまうことがあります。それがプライベートな時間なら問題ありませんが、仕事中となると作業を中断させる元凶になり得ます。だから錨《いかり》で船の漂流を防ぐように、メモで自分の意識をつなぎ止めておくわけです。**もし漂流しそうになっても、メモの文字を見れば元に戻れる**はずです。

ポイントは、自分の記憶力を過信してはいけないということです。受験生時代を思い出せばわかると思いますが、しっかり記憶したはずのことも、次の瞬間には案外曖昧になっていたりするものです。まして意識が他に移ると、それまでのことをすっかり忘れてしまうこともあります。

ところが、いざ忘れると「自分は記憶力が悪いから」などと言い訳したりする。そもそも記憶力の問題にしてはいけないのです。記憶力に頼らなくてもいいような仕組みを作るほうが、よほど建設的で確実だと思います。

「メモ化」の2つのメリット

こうして逐一メモを残すことには、作業を忘れなくなるだけではなく、他にも2つのメリットがあります。

1つは、自信につながること。やるべきことを忘れるというのは、周囲にも迷惑をかけますが、本人にとってもショックです。日本人はただでさえ自信喪失気味の人が多いので、そこに拍車をかけてしまうおそれがある。何度も繰り返されるようだと、そろそろ「老化」を疑い始めるかもしれません。

しかし忘れることがなくなれば、こういうネガティブな思考から解放されます。「忘れない」ということに関して自信を持てるようになるわけです。それに、一つひとつの仕事をこなしていく自分をメモで振り返れば、それは「仕事をする自分」全体への自信にもつながります。

もう1つのメリットは、その作業の必要性を客観的に判断できることです。思いつきで作業を始めると、終盤になって「もしかしてムダかも」と気づくことがあります。その徒労感は、確実にモチベーションを奪います。

そこで作業の前にそれを文字にしてみると、一旦冷静になれます。その瞬間に、実はそれほど大事ではなかったり、他の方法があったり等々に気づける。メモは、言わば「自分との対話」です。人と話していてハッと気づけることが多いように、自分と話しながらミスを防ごうというわけです。

ちなみにここで書くメモは、詳細である必要はありません。自分だけがわかればいいので、単語の殴り書き程度でも十分。ただし、一般的なメモの失敗例としてよくあるように、あとで見返したときに何を意図して書いたのか不明なら意味がありません。それを思い出すために時間がかかるとすれば、まさに本末転倒です。

感覚としては、単語＋動詞、または単語を2～3個書き連ねるぐらいで、作業内容をほぼ特定できるのではないでしょうか。

20 あえて作業を中断する

中途半端で終わったほうが、記憶に残りやすい

いくらきちんとスケジュールを組んでも、仕事がそのとおりに進むとはかぎりません。たまには前倒しで終わることもあるでしょうが、たいていは遅れ気味になるものです。

さて問題は、終わらないまま予定の時間が過ぎてしまいそうなとき。始めた仕事はキリのいいところまで延長してやりたいところでしょう。しかし次の予定も入っているとすると、どちらを優先すべきか悩むところです。

もちろん、次の予定で人と会うなら、それをずらすことはできません。今の仕事を中断するしかないでしょう。しかし次の予定も個人的な作業なら、もう少し臨機応変

に融通をきかせられるはずです。

せっかく興が乗ってきたなら、その勢いを借りて今の仕事を延長するのもいいでしょう。しかし、それによって他の作業の進行に支障をきたすようなら、予定時間に合わせて打ち切るのも悪くありません。要は、全体のバランスを見ることが大事なのです。

仕事を途中で打ち切ると中途半端になって落ち着かない、という反論もありそうですが、**実はそれがかえってプラスに働く**という見方もできるのです。

心理学の世界に、「ツァイガルニク効果」と呼ばれるものがあります。人は未完成なもののほうが記憶に残りやすく、逆に完成したものは記憶から消えやすいという現象を指したものです。

その典型例が連続テレビドラマでしょう。何か問題や謎を残したまま、次回につなぐのが常套手段です。視聴者は「この先どうなるんだろう」と気になるから、また次回も見たくなる。そして記憶に残っているから、1週間のブランクがあってもスッと物語の中に入っていけるわけです。もし1話完結型だったとしたら、見終わった時点で印象が薄れてしまうかもしれません。

仕事も同じです。**途中で打ち切っておくと、その意識が残りやすくなるので、次に再開するときにブランクを感じずに済む。**方向性も手順も、まだ記憶に残っているので、スムーズに始められるわけです。そういう効果に期待するなら、1つの仕事を途中で切り上げることに、あまり躊躇する必要はないと言えるでしょう。

細切れ時間を初仕事の「お試し」に活用しよう

以上を前提とするなら、仕事のやり方そのものも見直せる可能性があります。

例えば、1時間ほどかかりそうな作業があるとします。しかし今、次の予定まで20分しかないとすると、その作業は先送りしようと考えがちです。あとで1時間をしっかり確保してから取りかかろうというわけです。

その気持ちもわかりますが、そうするとこれからの20分が浮いてしまいます。それはちょっともったいない気がしないでしょうか。**たとえ1時間かかる作業でも、20分だけ手をつけて中断すればいい**のです。

それによって「ツァイガルニク効果」が働けば、再開時もスムーズに取りかかれるはずです。「すぐやる」にもつながるし、細切れ時間の効率的な使い方にもなる。ゼロの状態から始めるより、ずっと要領よく進められるのではないでしょうか。

そしてもう1つ、これには大きなメリットがあります。ある種の「お試し時間」になるということです。

特に組織で働いている場合、仕事は上司や組織から与えられることが多いと思います。言い換えるなら、その仕事は当初、自分にとって「他人ごと」なわけです。その時点ではやり方がよくわからないし、なかなかやる気にもなれないでしょう。それを一気に終わらせなければならないと思うと、余計に億劫かもしれません。つまり、先送りになりかねないわけです。

しかし、10分でも20分でも試しに着手してみるだけなら、気楽に始められます。難しければ別のアプローチを考えるとか、誰かに助けを求めるとか、またゼロからやり直せばいいだけです。

いずれにせよ重要なのは、とりあえずやってみて自分なりの手応えを得ること。そ

の瞬間から、「他人ごと」だった仕事は「自分ごと」に変わります。ある程度は要領もわかるようになるので、再開するときの心理的負担も小さくなります。日々発生する細切れ時間を、こういうことに使ってみてはいかがでしょう。

21

「ゾーン」に入る時間は譲らない

夢中になれる状態は貴重

一見、前項と矛盾したようなことを言いますが、予定どおりに終わらない仕事を、そのまま延長して続けたほうがいい場合もあります。興が乗って集中できているとすれば、それ自体が非常に貴重な状態だからです。

時間を忘れてなにかに没頭している状態のことを、心理学用語で「ゾーン」と言います。例えば子どものころ、遊びに夢中になって時間があっという間に過ぎてしまったという経験は、誰にでもあるでしょう。それが「ゾーン」に入るということで、人間にとってある種の幸福感を得られる状態でもあります。

ただし学問的に、どうすれば「ゾーン」に入れるかが解明されているわけではありません。性格や環境に負う部分もあるようです。実際、趣味等ならともかく、仕事で「ゾーン」に入った経験のある人は少ないかもしれません。むしろ、いかに目の前の仕事に集中するか、日々四苦八苦している人のほうが多いと思います。

だからこそ、**もし「ゾーン」に入れたとしたら貴重**なのです。その時間は大事にして、できるだけ延長したほうがいいでしょう。

問題は、他の仕事に支障を来《きた》さないか。先にも述べたとおり、次に人と会う約束がある場合には、必然的に中断せざるを得ません。

一方、個人で行う作業なら、選択の余地が生まれます。全体のバランスを考えて、やはり今すぐやらなければならない仕事が他にあるなら、中断して「ツァイガルニク効果」に期待したほうがいいかもしれません。

しかし、そういう仕事ばかりでもないでしょう。実は先送りしてもかまわない仕事、本来なら自分がやらなくてもいい仕事もあるはず。それを見極めて予定をキャンセルし、せっかくの「ゾーン」を継続させるのも、1つの判断だと思います。

得意分野にエネルギーを集中させる

そこで重要なのが、どう見極めるか。

経済学の世界に、「アインシュタインにタイプライターを打たせてはいけない」というたとえ話があります。仮にアインシュタインのタイピングが秘書より速くて上手だったとしても、そこに労力を費やして本来の研究の時間が削られるとすれば、それはアインシュタイン本人にとっても、また世界の物理学にとっても大きな損失である、というわけです。これを「比較優位の原則」といい、自由貿易のメリットとしてよく引用されます。

同じことは、私たち個人の仕事についても言えます。「すぐやる」ことは大事ですが、その仕事自体、本当に「すぐやる」べきかどうかは別問題。何でもかんでも片づけていけばいいわけではないと思います。

私たちは、アインシュタインほど天才的な頭脳を持っているかどうかは別として、それぞれ専門分野や得意分野があるはずです。そこに最大のエネルギーを投入することが、最大の成果を生み出します。そういう前提で考えるなら、この仕事は自分が今すぐやらなければいけないのか、先送りしてもいいか、それとも自分は手を出さず、他の人がやったほうがお互いに効率的か、自ずと見えてくると思います。

あるいは同じ経済学の考え方に、「パレートの法則（80：20の法則）」と呼ばれるものもあります。これはさまざまな分野で応用されますが、労働の観点では「2割の時間を費やした仕事が、全体の8割の成果を生み出している」「2割の従業員が、組織全体の8割の利益を生み出している」などと言われます。

私たちが目指すべきは、もちろん「2割」を充実させることでしょう。**自分にとって何が「2割」に相当**するのか、**どの仕事が組織の「2割」になり得る**のかを考えて優先する必要があります。

言い換えるなら、それ以外の仕事は先送りしたり、スルーしたり、アウトソーシングしたりしてもかまわないのです。そういう選択肢を持つことが大事だと思います。

ただし、単に「やる気がしないから」という理由で仕事を放棄するのは、まったく意味が違います。組織で働く以上、たとえ不得手でも他にやる人がいなければ自分がやるしかない、という仕事もあります。その場合、アインシュタインやパレートは言い訳になりません。

22

「ゾーン」に入るポイントを探せ

自分が集中できる環境を知る

人にはそれぞれ、「ゾーン」に入りやすい環境というものがあります。

例えば周囲に人がいて、ざわついた中で集中しやすい人もいれば、無音や閉鎖的な空間を望む人もいます。これは性格に起因したもので、外向的で常に対人を意識したい人は前者、内向的で自分の世界に入り込みたい人は後者を好む傾向があります。もちろん、良し悪しや優劣のある話ではありません。

ポイントは、自分がどんな環境で集中しやすいかを見極めておくことです。ビジネスパーソンなら会社の机がふだんのポジションでしょうが、四六時中そこに座っていなければならないということもないはず。

職場環境にもよりますが、作業用のテーブルに移ったり、空いている会議室を使ったりすることもできるでしょう。あるいは社外に出てカフェや図書館、コワーキングスペースなどを利用する手もあります。いろいろ試しながら、自分にとってもっとも集中しやすい場所を見つけてみてはいかがでしょう。

そういう場所をいくつか知っていると、いざ集中して作業しなければならないとき、もしくはどうも気が乗らないときなどに、自分にスイッチを入れることができます。「この場所に行けば集中できる」と思えるだけでも、ずいぶん心強くなれるのではないでしょうか。またその効果を維持したいという意識も働くので、そういう場所でダラダラ過ごそうとは思わないはずです。

同じことは、音楽についても言えるかもしれません。いっさいの音を遮断して集中したいという人もいますが、何か聴きながらのほうが乗れるという人もいます。ではどんな曲が自分の作業にもっとも合っているのか、いろいろ探してみるのも面白いと思います。

ただし問題は、あまり決めつけないことです。仮に今、自分にとって集中できると思っている環境があったとしても、そこがベストとはかぎりません。「だいたいこんなものだろう」とか「自分にはここしかない」などと考えて、案外ダラダラ過ごしている可能性があります。むしろ仕事が捗らないのは自分のせいではなく、その環境に足を引っ張られているのかもしれません。

今やスマホやパソコンがあればどこででも仕事はできる時代なので、もっと貪欲に探してみてはいかがでしょうか。

自分の脳を騙して「ゾーン」に入る

先にも述べたとおり、「ゾーン」には子どものほうが入りやすいものです。では大人と子どもでは何が違うのか。

もちろん、集中すべきものが仕事か遊びかは大きな違いです。同時に大きく違うのは、余計なことを考えるか否か。これには2種類あります。

1つは時間的なこと。子どもにとっては、目の前の遊びだけが世界のすべてです。それとは別に先々のことまでは考えていません。それに対し、大人は見通しを立てたり、過去を振り返って反省したりが日常茶飯事です。そのたびに憂鬱になったり、恥ずかしい思い出が蘇《よみがえ》ってきたりして集中力が削がれるわけです。

もう1つは損得勘定。子どもは「この遊びは損か得か」などとは考えません。「楽しいかどうか」だけです。一方、大人の仕事は損得勘定を無視できません。「この仕事はムダではないか」「もっと効率的にできないか」と常に考える必要がある。そんな思考を巡らすたびに、目の前の作業がストップしてしまうのです。

こういう事情を考えれば、大人が童心に帰って集中することはなかなか難しいでしょう。しかし、大人には大人の知恵があります。「**自分の脳を騙してその気にさせる**」ということです。

現役時代のイチロー選手は、毎日寝る前に「10分だけ素振りをする」ということを決めていたそうです。しかしいざバットを振り始めると夢中になり、気づけば1時間、2時間と経過していることがザラだったとのこと。

これは、私たちも応用できます「これから2時間ぶっ通しで作業する」と考えると、それだけで嫌気がさします。しかし「**5分だけ余計なことを考えず、集中してや**

ってみよう」と決めれば気楽に臨めるはず。一旦始めて自分を乗せてしまえば、あとは勢いで続けられるのではないでしょうか。これも、大人ならではの「ゾーン」の入り方だと思います。

㉓ ノラない仕事は「ゲーム化」する

単調な作業は意識をずらせ

日常の仕事の中には、単純作業の繰り返しも少なくないと思います。当然、飽きるので継続するのは至難の業です。しかしダラダラやると余計に時間がかかり、ますますやる気を削がれるという悪循環に陥るのが常でしょう。

この状況を打開する基本的な方法は、その作業と正面から向き合わないこと。放棄するわけではありません。工夫して意識を少しずらすのです。具体的には、大きく2つのやり方が考えられます。

1つは、「ゲーム化」すること。例えば仕事ではなく勉強の話ですが、英語をマスターしようと思えば、英単語の暗記が欠かせません。しかし多くの方が学生時代に経験していると思いますが、これは単調で面白くない。

そこで私は受験生のとき、英単語帳を通学電車の中でしか見ないと決めていました。机に座って覚えようとしても、眠くなるだけだからです。その上で、例えば「○○駅から××駅の間で○個覚える」とか、「××駅から△△駅の間で最初に覚えた分をチェックする」などと自分なりのハードルを設定し、そこにチャレンジすること自体を楽しむように仕向けたのです。

そうすると、英単語を覚えることに変わりはありませんが、意識はハードルを超えることに向かいます。超えられなければ悔しいので再チャレンジしようという気になるし、**超えれば相応の爽快感とともに「自分はすごい」という自己効力感に包まれる**。単調な勉強に、こうして起伏をつけたわけです。

これは仕事でも使えるでしょう。例えば「10分で○件の処理を終わらせる」とハードルを決めて、ゲーム感覚で意識をそこに集中させる。クリアしたらもう少しハードルを上げてみる。悪く言えば自分を騙すわけですが、面倒な作業をそれで切り抜けられるなら文句はないはずです。

ストップウォッチで、戦う相手を変える

こういう「ゲーム化」に欠かせないツールといえば、ストップウォッチです。私も大好きで、会社にはもちろん置いているし、自宅ではキッチンタイマーで代用することもあります。

もちろん、単に時間を測るだけなら時計でも代用できます。しかしカチッとスタートボタンを押すことで、自分にもスイッチが入るような気がするのです。しかも10分の1秒単位で時間が刻まれるので、「時間をムダにしてはいけない」と追い立てられる気持ちにもなる。まさにアスリート感覚で仕事に取り組めるのではないでしょうか。昨今は非常に安価で売られていますが、**費用対効果はきわめて高い**と思います。

特におすすめしたいのが、イヤな仕事をしなければならないとき。先に述べたような面倒な作業もそうですが、例えば相性の良くない取引先に関わる仕事とか、難解な資料を読み込む際なども該当します。

イヤな仕事はできるだけ先送りしたくなるものですが、ストップウォッチのボタンを押せばもう逃げ場はなくなります。それも「5分だけ」「10分だけ」とあらかじめ時間を決めておけば、「この短時間でどこまで進めるか」というゲームになります。

つまりポイントは、「戦う相手が変わる」ということです。イヤな仕事の場合は、「イヤだな」という意識との戦い、あるいはその先にいる人との戦いになります。それが大きなストレスを生むことは、誰もが経験済みでしょう。

しかしストップウォッチのボタンを押せば、あくまでも数字との戦いになります。いかにスピードを上げるか、量をこなすかということに意識が集中するので、「イヤだな」と考える余地がなくなるのです。

しかも5分なり10分なりが経過したあとには、相応の達成感や爽快感を味わえる。その勢いに乗って延長し、イヤな仕事の多くを片づけられる可能性もあります。

要するに目先を変えて自分を騙すわけですが、気分良く仕事ができれば結果オーライではないでしょうか。

「達成感」を味方につける方法

そしてもう1つ、だらけそうな意識をずらすには、**「達成感を前倒しで味わう」**という手も考えられます。

私は大学で、「英小論文の書き方」のような授業も担当しています。受講する50人の学生に課題を出すこともあるのですが、そうすると私は短時間で50本の小論文をすべて読み、それぞれ添削し、コメントを書いてフィードバックする必要に迫られます。

1本につき5分かけるとしても、計250分。これはかなり単純な重労働です。そこで、まずはやはり「ゲーム化」しました。時間を区切って、その間に何本終わらせられるかという〝タイムアタック〟を何度も繰り返したのです。

同時に工夫したのが、「より短い小論文から読む」こと。小論文の中には熱意に満ちた長文のものもあれば、ササッとまとめた感のある短文のものもあります。それらはプリントアウトではなく添付ファイルで受け取るので、容量がわかります。そのうち、容量の小さいものから順に読んでいくわけです。

　すると当然、10本目あたりまでは比較的短時間で終えることができます。**「あっという間に5分の1も終わった」**と途中ながら達成感を味わえれば、「すべて終わるのもさほど時間はかからないかもしれない」と希望的観測を持てるし、「この勢いであと5本やろう」などと前向きにもなれるのです。姑息《こそく》と言えば姑息ですが、こういう騙し方もあるということです。

　何かの作業を行うとき、逆にまず面倒な部分を片づけてから、あとで簡単な部分を終わらせようという発想もあり得ます。うまくいけば、このほうが精神的に楽かもしれません。しかし、うまくいくとはかぎらないでしょう。むしろ難航してエネルギーを消耗し、楽なはずの部分まで楽ではなくなったり、時間に追われたりしかねません。

　そんなリスクを負うぐらいなら、簡単な部分から片づけたほうが無難です。そうすれば躊躇せずに「すぐやる」ことができるし、面倒な部分に立ち向かうまでのウォーミングアップになるし、早めに「もう3分の1も終わった」「折り返し地点を過ぎた」という達成感を得ることにもなる。

どんな仕事でも言えることですが、こうして**「勢い」を味方につけることが、生産性を上げる大きなポイント**です。ましてや面倒な単純作業の場合には、いっそう大事にしたほうがいいと思います。

24 イライラ・モヤモヤから脱出する法

紙に書き出すだけで全体像が見える

よほどの人格者でもないかぎり、私たちは常に気分上々というわけにはいきません。なんとなくイライラしたり、モヤモヤしたりすることはよくあります。当然、そういうときは落ち着いて仕事もできないと思います。

しかし、いつまでもそんな状態では時間を浪費するだけ。人格者になるのは無理でも、自分をコントロールする方法ぐらいは考えておいたほうがいいでしょう。

まずやるべきは問題の整理。なぜイライラ・モヤモヤしているのか、原因を探してみるわけです。それも考えるだけではなく、とにかく思いつくことを片っ端から紙に書き出してみることが必須です。

こういうとき、たいていは頭の中だけで考えがちです。しかし、そうすると感情が入り混じってますます怒りに火がついたり、かえって絶望的な気分になったりすることがあります。

それを避けるために、書き出して距離を置くことが重要なのです。その一つひとつは言葉の断片かもしれませんが、冷静かつ客観的に全体像を見ることができるのです。

これはちょうど、グチや弱音を親しい友人に聞いてもらう感覚に近いと思います。友人から特にアドバイスがなかったとしても、とりとめもなく話すうちに気持ちの整理がついたり、問題点に気づいたりすることがあります。これは勉強などにも言えることですが、**とにかくアウトプットしてみることが、かなり有効な論点整理になる**のです。

ただ、常に話せる友人が近くにいるわけでもないでしょう。あるいは内容によっては、どれほど親しくても話しにくいこともあると思います。その点、紙に書き出すだけならまったく遠慮はいりません。むしろアウトプットしやすいのではないでしょうか。

そうすると、とりあえず事実関係が明らかになります。例えば上司に小言を言われた瞬間はイラッと来たとしても、その経緯を振り返ると言われて当然だったりする。あるいはなんとなく不安に感じていたことが、先入観でそう思い込んでいただけだった、ということもあります。

問題を小さく切り分ければコントロールできる

以上を最初のステップとすると、次のステップはそれを分析することです。

イライラやモヤモヤの理由は、大きく2つに区分できると思います。1つは**自分でコントロールできないもの**。いわゆる〝もらい事故〟のようなもので、例えば顧客から理不尽なクレームを受けたり、通勤電車の中で靴を踏まれたり等々の場合です。

これらは自分に責任がないので、いくらイライラしたり落ち込んだりしても、意味がありません。「それはそれ」とか「仕方がない」として、さっさと自分と切り離して考えたほうがいいでしょう。

もう1つは**自分でコントロールできるもの**。自分のミスで仕事が滞ったり、上司に叱られたとすれば、その責任は自分にあります。どうしてそんなミスをしてしまったのか、反省して再発防止に努める必要がある。そこまできっちり事態を把握できれば、それはそれで落ち着けると思います。

あるいはもっともやっかいなのが、複雑で2つのうちのどちらかに分類できない場合でしょう。自分の発言が誤解されて関係が悪化したり、複数の要因が絡んでプロジェクトが失敗に終わったり。自分1人の力ではどうすることもできないもどかしさが、イライラの温床になったりします。

こういう場合は、問題を小さく切り分けてみてはいかがでしょう。「近代哲学の祖」と呼ばれる哲学者デカルトは、有名な著書『方法序説』の中で、まさにこんな問題解決の方法を提示しています。

具体的には、以下の4段階を踏むとしています。①即断と偏見を避けて情報を集める、②問題を小さく切り分ける、③単純な部分から複雑な部分へと順番に考える、④何も見落とさなかったと確信する。

複雑に見える問題でも、小さく切り分ければ自分でコントロールできる部分があるはずです。まずはそこから手を付けて、できるかぎりの対処法を考える。そして「考え尽くした」と思えれば、結果がどうであれ、心を落ち着かせることができるというわけです。

400年近くも前に考案されたイライラ解消のための叡智《えいち》を、利用しない手はないでしょう。

第5章

すぐやる人のスマホ

25 書類整理にスマホを活用する

「紙」の書類はデータにして減らせ

一説によれば、ビジネスパーソンが探しものにかける時間を足し合わせると、年間で2週間分にまで達するそうです。そこで浪費するのは時間だけではありません。探すにはエネルギーも使うし、見つからなければまずいというストレスも溜まるはずです。

では、何を探しているのか。もちろん財布やスマホを失くせば大変ですが、それが日常茶飯事の人はさすがに少ないと思います。もっとも頻度が高そうなのが、書類や資料ではないでしょうか。

例えば、書類の束から必要な1枚を探し出そうと思うと、それだけで面倒くさくなります。しかも往々にして、あるはずの束の中に見当たらず、途方に暮れたりする。まったくムダに時間と労力が吸い取られていくわけです。

そんな状況を避けるもっとも合理的な方法は、書類を減らすこと。とはいえ仕事の都合上、なかなか減らせない場合もあるでしょう。**ならば「紙の」書類を減らすこと**を考えればいい。紙として持つのは現在進行形の仕事の必要最小限のものに留め、終了した仕事の書類はスキャンするか写真に撮ってデータとして保存するのです。

今は専用の機材を持たなくても、カメラはもちろん、スキャナもスマホのアプリで代用できます。私はかなり以前に入れた有料アプリを使っていますが、今ではもっと多くの種類があるでしょう。外出先でもその場で書類をさっとスキャンして保存できるので、まさに記憶の外部装置のように機能しています。

これを使えば、当然ながら紙の書類は大幅に減らすことができます。その原本は、あとで見返す可能性があり、しかも紙のほうが便利だと考えられれば残しますが、そうでなければ廃棄できます。

例えば私の場合、出版社から企画書を紙ベースでいただくことがよくあります。もちろん企画の進行中は紙ベースで持っていますが、その本が出てしまえば必要なくなります。ただしその後の企画の参考になる可能性もあるので、スキャンしてデータとしては残すのです。

データ保存の3つのメリット

データとして保存することには、ざっくり言って3つのメリットがあります。

1つは当然ながら、**物理的なスペースの削減につながる**こと。紙をクリアファイルやバインダー、封筒などに保存しても、分量が増えれば嵩張って相応のスペースが必要になります。しかも滅多に取り出すことさえないとすれば、まったくムダでしょう。たまに使うかどうかわからない書類だからこそ、データにしておけばいいのです。またもし紙ベースとして必要になれば、プリントアウトすればいいだけの話です。

2つ目は、**データなら取り出す場所を選ばない**こと。私はこうしたデータを、主にDropboxでテーマ別にフォルダに分けて保存しています。そうすると、いざというときも手元にスマホかパソコンがあれば、ただちに見ることができます。

もし紙ベースで保存していたら、「会社に帰らないと確認できない」「自宅に置いたまま忘れてきた」ということになりかねません。これでは、すぐ次の行動に移れないという意味で、大幅な時間と労力のロスにつながります。

そして3つ目は、これがもっとも大きなメリットですが、**検索が可能になる**こと。必要な書類を該当のフォルダから、もしくは適当なワードを打ち込むことにより、一発で取り出すことができる。これほど「すぐやる」に適した書類管理法はないと思います。

ただしこれを実現するには、撮影またはスキャンした時点で、ファイル名にちょっとした工夫をしたほうがいいと思います。

まずは保存した日付を入れること。例えば2019年5月1日であれば、「20190501」としておくわけです。そうすると、ファイルは自動的に時系列で並びます。全体の流れを一覧できるという意味でも、これは必須でしょう。

同時に、**何か内容を示す特徴的なワードを付け加えておくと便利**です。書類によっては、どのフォルダに入れるべきか迷うものもあります。それは見方を変えれば、取り出すときにどのフォルダから見ればいいか迷うということでもあります。そこで時間を取られるくらいなら、フォルダを開く前に言葉で検索したほうが早い。そういう前提でファイル名を考えるわけです。

26 スマホ依存から脱却する

「完全オフ」のときはスマホを視界の外へ

スマホとパソコンさえあれば、四六時中いつでもどこでも仕事ができる――そう考えている人は少なくないと思います。たいへん便利な世の中であることは間違いありませんが、逆に言えば四六時中仕事から逃れられないということでもあります。そのことにストレスを感じている人も多いでしょう。

いつでもどこでも仕事ができるなら、別に今やらなくてもいい。そんな発想がダラダラを生む温床にもなります。

よく言われることですが、いいオフを取ることは心と身体のリセットのために欠かせません。ところがオンとオフの切り替えが、スマホによって以前以上に難しくなっているわけです。

ではどうやって切り替えるか。もっとも単純で効果的な方法は、オフの時間はできるだけスマホを見られない環境にすることだと思います。

日常で考えると、例えば映画館で映画を見ている間、スマホを取り出すことはマナー違反でしょう。何かスポーツをしている間も、よほど器用でないかぎり、スマホを持ちながらというわけにはいきません。あるいは食事や買い物に出かけるときも、あえて自宅に置いていくという手もあります。せめてこういうオフの過ごし方をすることが、心と身体のリフレッシュには重要だと思います。

ただし映画にせよスポーツにせよ、あるいはちょっとした外出にせよ、時間は限られます。やっかいなのは、何日か休みを取って旅行などに出かける場合です。さすがに、スマホを自宅に置いたままとはいかないでしょう。かといって旅先で常にメールやSNSに追われるようでは、ストレスが溜まって旅行の楽しみが激減します。

現代に生きる以上、数日間のオフでもスマホから完全に切り離されることは不可能と覚悟を決めたほうがいいかもしれません。とはいえ、四六時中スマホに付き合う必要もありません。

例えば、ホテルから出かけるときには部屋に置いていくとか、夜から朝までは電源を落とすとか、強制的に視野に入れない時間を作ることは可能でしょう。そうやって折り合いをつけることが、さしあたっての打開策だと思います。

「メール断ち」をしてオフの領域を広げる

そもそも、なぜ私たちはスマホを手放せないのか。

メールや何かの通知が来れば、とりあえずそれまでの作業を中断して中身を見たくなる。条件反射のように「返信しなくては」という意識に駆られ、そのためにまた調べたり確認したり。そうしているうちに、先ほどまでやっていた作業のことを忘れてしまう。これが、よくあるパターンでしょう。プライベートの時間でも、その瞬間に心も身体も仕事モードに入ってしまうわけです。

それが当たり前になっているから、スマホが手元にないと不安や恐怖でいっぱいになってしまう。たとえ1時間や2時間でも、心が落ち着かなかったりします。もはや

〝依存症〟に近いかもしれません。

しかしよく考えてみたら、緊急な対応を迫られるようなメール等は、ゼロとは言いませんが滅多にありません。あるいはよほど緊急な用件なら、今でもメールではなく電話を使うでしょう。

つまり、**私たちは「四六時中手放せない」と勘違いしているだけかも**しれません。休日でもプライベートな時間でも、メール等が来ると仕事モードに入って対応してしまうから、先方も「仕事しているんだな」と思い込んで時間に関係なくメール等を送ってくるのでしょう。それでまた対応を迫られる、という悪循環に陥っている気がします。

ならば一度、例えば週末の丸2日間だけメールの送信や返信をいっさい絶ってみてはいかがでしょう。それによって〝依存症〟からの脱却を目指すとともに、周囲に「この人は週末には連絡がつかない」という印象が広まれば、メールが減って平穏な週末を過ごせるようになるかもしれません。

それがうまくいけば、平日も夜間は連絡を絶つとか、長期休暇の際もスマホを持参はするが返信はしないとか、少しずつオフの領域を広げてみてはいかがでしょう。いわばスマホだけでできる〝働き方改革〟です。

27 メールの返信をすぐやらない

できる人は時間の〝塊〟を確保する

複数の大学の先生方からよく伺う話ですが、昨今の学生は、授業中や試験中の1時間半さえ集中力を保つことが難しいそうです。

その理由は、ひとえにスマホにあります。常に手元にあるので、例えば勉強中でもすぐに手を伸ばしてしまう。ましてメールやSNSなど通知が来れば、ただちにそちらに注意を奪われる。そんな日々に慣れているので、スマホを見てはいけない時間があると、たちまち落ち着かなくなるわけです。

社会人も似たようなものでしょう。「時間がない」「忙しい」を口癖のように言う人は数多くいます。しかし冷静に考えてみると、物理的に時間が足りないというより、時間の使い方に問題がある場合が多いのではないでしょうか。

ただ、どんな分野であっても、**本当にコアの仕事はじっくり時間をかけ、深く考える必要がある**と思います。例えば何かの企画書を書くとなると、片手間にはできません。スケジュールの中で、ある程度の時間の〝塊〟を確保しなければならないはずです。

ところが私たちは、集中力を保つことが難しい時代に生きている。仮に時間の〝塊〟を確保しても、常にスマホが気になってなかなか深く考えることができないのです。

一説によると、一度途切れた集中状態を元に戻すには、およそ15分かかるそうです。これでは、いくら時間があっても足りなくなるでしょう。それが仕事をダラダラ延長させ、長時間労働を生む原因になることは言うまでもありません。

だからこそ、**確保した時間の〝塊〟をスマホに邪魔されないよう、気をつける必要がある**。「別にスマホを見なければいいだけ」と思われるかもしれませんが、それは慣れ親しんだ生活習慣を変えるということなので、意外と難しいのです。

すべてのメールに返信する必要はない

とりわけ頻繁に使うのが、メールでしょう。特にビジネスメールであれば蔑《ないがし》ろにはできませんが、その膨大なやりとりによって時間と集中力が削がれることも事実です。

しかし、そもそもすべてのメールに返信は必要なのか。そこから考え直してみたほうがいいと思います。たしかに返信するのが礼儀、という見方もあるでしょうが、どこかで線引きしてもバチは当たりません。

メールは、届いた時点でタイトルを見れば、内容はほぼわかると思います。そこで**開く前に行うべきは、仕分け作業。緊急を要するものだけ選んで読んだり返信を書いたりすれば、とりあえず十分**ではないでしょうか。

だいたい「イエス」「ノー」「了解」程度の返信で済むようなメールなら、緊急性はほぼありません。その作業のために、〝塊〟として確保した時間を中断されるほうがもったいないと思います。そういう返信は、移動中や隙間時間などにまとめて処理すれば問題ありません。

また、返信すらいらないメールもあると思います。

例えば、まだ関係が浅い間柄でやりとりをする場合、お互いに気を遣って挨拶文に挨拶文で返すような〝ラリー〟が続くことがあります。自分から先に止めると失礼になるような気がして、ずっと止められないわけです。

しかし、過剰な挨拶や礼儀は不毛でしかありません。こういうとき、私はせいぜい1往復で切り上げるようにしています。

あるいは単に連絡や確認だけのメールの場合も、わかり切っていれば返信は不要だと思います。先方が不安に思うようなときだけ送れば十分でしょう。

こういう独自ルールを貫いていると、相手にも「塚本はこういうときに返信をよこさない」とわかってもらえるようになります。そこまで浸透すればしめたもので、心置きなく省略できるわけです。また相手にとっても、余計な気を遣わずに済むし、それだけ自分の時間を有効に使えるはずです。

だいたいメールを送った相手に返信を求めるのは、ある種の承認欲求の部分が大きいかもしれません。その気持ちはわかりますが、それによって貴重な時間を奪ったり奪われたりするのは、ビジネスにおいては本末転倒です。「便りがないのはよい便り」ぐらいに考えたほうがいいのではないでしょうか。

相手からの返信が来ないときにはどうするか

ただ問題は、必要なはずの返信が来ない場合です。

私は海外の人とも多くメールでやりとりしていますが、軒並み返信は遅いです。むしろそれが一般的なようです。

最近も、夏休みに日本の小学生をイギリスに連れていくプログラムを作成し、協力していただける現地の先生方と連絡を取り合ったのですが、返信は1週間後になることがザラでした。期日のある話なので、こちらとしては一刻も早くリアクションが欲しいところなのですが、そうストレートに催促するわけにもいきません。

しかしこの経験から、私はできるだけ早く返信をもらえる方法を編み出しました。

用件を1度のメールにまとめないということです。

日本人の感覚で言えば、できるだけ1度のメールで済ませたほうが「できる人」という感じがすると思います。一方、海外の方にそんな感覚は通用しません。おそらく先生方は、私のメールを読んで返信しようとまでは思ったものの、先送りしているうちに忘れてしまったのでしょう。

そこで重要なのは、先生方のこういう〝中だるみ〟を解消すること。それには督促のメールを送る手もありますが、「メールは読んでいただけましたか?」と書くのはあまりに直接的です。

ならば、最初から時間差で何通かに分けて送るようにすればいい。「もう1つ、ご相談したい件があります……」とか「追加でお伺いしたいのですが……」とすれば、さほど不自然ではありません。ポイントは、単に報告・連絡する形ではなく、質問の形にして返信を求めることです。

これによって、さしもの先生方も返信を送ってくださいました。断続的な私からのメールを見て、思い出されたのでしょう。

もちろん、これはどんなビジネスシーンでも使えます。特に忙しい相手に送る場合には、早急に返信が必要なメールでも、先送り、または忘却されるおそれがあります。そのとき、返信を催促するメールは送りにくいですが、追加（を装った）メールなら送りやすいと思います。それが何通か溜まれば、相手もその重要度を認識してくれるでしょう。

28 移動中は貴重な作業時間になる

通勤電車内では一気にメール処理を

通勤電車内での過ごし方といえば、今やスマホでゲームが定番でしょう。老若男女を問わず、誰もが熱心に戦っているようです。

たしかに狭いスペースで立ったままでもできるし、ついハマってしまうように工夫されているし、手持ち無沙汰のときにはちょうどいいかもしれません。しかし、実際にプレーしている人の多くが実感していることだと思いますが、ゲームは勝とうが負けようが何も生み出しません。文字どおりの「時間潰し」です。

しかも通勤時間だけでは飽き足らず、仕事中に会社のトイレにこもって続ける人もいるそうです。ストレス発散や気分転換に不可欠という気持ちもわかりますが、ここまで来ると、さすがに少し自制したほうがいい気がします。

私もゲームは嫌いではありませんが、ハマり過ぎることを警戒して、スマホにはいっさい入れないと決めています。自宅から持ち出すことのないiPadに、いくつか入れている程度です。

では、通勤中の時間をどう使うか。私はよく、溜めておいたメールの返信を一気に済ませることがあります。メールの返信は、考えたり調べたりしなければならないものと、先述したとおり「イエス」「ノー」「了解」程度で済ませられるものに大別できます。

このうち後者は、緊急性の低いものがほとんどです。その返信を急いでも、あまりメリットはありません。むしろ、本来集中してやるべき仕事の邪魔になるおそれがあります。返信の早さは一見すると仕事の早さに直結するようですが、実は遅らせることになりかねないわけです。

だから、そういうメールを溜めておいて、通勤中にササッと返信する。「イエス」「ノー」「了解」と書く程度なら、満員電車でもなんとかなります。ゲームより単調な作業ですが、「時間を作る」というステージの大きなリアルゲームの一環と捉えれば、ずっとやりがいを感じられるのではないでしょうか。

新幹線は快適な〝オフィス〟だ

電車といえば、通勤だけではなく長距離の移動や出張の際にも使います。その間の過ごし方も、工夫しだいで有意義になります。

もちろん、ここぞとばかり爆睡したい人もいるでしょう。それこそスマホで存分にゲームを楽しむこともできます。しかしそれは、時間・空間の使い方としてちょっともったいない気がします。

例えば私は、よく京都と東京を新幹線で往復します。その約2時間15分はメール等を除いて直接的には誰にも邪魔されないし、リクライニングのシートにテーブルもある。さながら時間限定でオフィスの個室にこもるような、集中しやすい時間・空間が実現するわけです。このチャンスを利用しない手はないでしょう。

私の場合は、**この間にどんな作業をするか、あらかじめ目標を設定**します。それも通過駅を目安にして、細かく計画するのが常です。京都から名古屋までの約30分は講演の資料作成、名古屋から新横浜までの約1時間半は本の執筆、新横浜から東京までは読書、といった具合です。やることを大雑把に決めるだけではだらけます。長距離走ではペース配分が難しいので、何本かの短距離走に分けて走るというイメージです。

ここで重要なのが、やはり**作業内容をリストにして書き出す**こと。そして常に視界に入るようにすること。頭の中だけで「あれとあれをやろう」と考えるだけでは、ついルーズになるし、場合によっては忘れてしまうこともあるからです。

まして〝個室〟のような環境なので、自分で律するしかありません。例えばメールをチェックしているうちに、つい緊急性のない返信を書いたり、ネットの記事を読み込んでしまったりということはよくあります。その時点で、当然ながら当初の目標の達成は難しくなるわけです。

しかしリストが目に入れば、「これだけの作業をしなきゃいけないから、余計なことに手を出している場合ではない」と気づけます。単純な仕掛けですが、「自分に負けたくない」という意識も働くので、意外に効果は高いのです。次の出張の際に試していただければ、それを実感できることでしょう。

29 電話とのつき合い方を見直す

集中したいときは電話に出ない

今やメールに押され、すっかり古いコミュニケーション手段という印象になったのが電話です。実際、スマホの電話機能はほとんど使わないいし、かかってきても出ないという人は少なくないようです。

しかし私は、今でもかなり有効な手段だと思っています。たしかに仕事上のコミュニケーションはメールが主流ですが、先にも述べたとおり、文字だけでは伝え切れない部分があるからです。

その点、電話で相手の声を聞けば、そのトーンや、口調、間などから熱意や姿勢を感じ取ることができます。一緒にビジネスをしていく上では、そういう部分を共有することも大事でしょう。

あるいは細かい部分を詰めるにしても、文面にすると説明が長くなったり、そのために誤解を招いたりするおそれがあります。しかし電話なら、やりとりの中で焦点を絞っていくことができます。リアルな会議ほどではないですが、メールよりはずっと短時間で意思疎通を図りやすい手段だと思います。

ただし難点は、かかってきたらメール以上に自分の仕事を中断させられること。いつかかってくるかもわからないし、受けた瞬間に相手の話に意識を持っていかれます。自分の作業に集中したいとき、急いでいるときには、まったく邪魔でしかありません。

対処法としては、**「集中したいときには出ない」と決める**のも1つの方法でしょう。職種にもよりますが、よほど緊急でもないかぎり、応対は留守電に任せて、あとでまとめてかけ直せばいい。今どき電話で長時間話し込むことは滅多にないので、隙間時間にかければ十分です。もし先方の話が長くなりそうなら、概要だけ聞いて「詳細はメールでお願いします」と伝えれば済みます。

固定電話の習性からか、電話というとかかってきた瞬間に反射的に「出なければ」という意識に囚われます。マナー的にはそのほうが望ましいのでしょうが、それによって自分のペースが乱されるデメリットのほうがずっと大きいと思います。無視するのではなくあとでかけ直すので、先方の気分を害することもあまりないでしょう。

電話での即答は危険

そしてもう1つ、電話で気をつけるべきは、会話中に相手のペースに乗らないことです。例えばクレームの電話を受けたとき、相手の剣幕に押されてひたすら謝ったり、理不尽な要求を飲まされたりすることがあります。「早く処理しなくては」という焦りから、冷静な判断力を失うわけです。

こういうときは、可能なら間を置くのがベストでしょう。「申し訳ありません。対応を内部で検討しまして、早急に折り返しお電話いたします」と一旦切って、事態を整理するなり、上司に相談するなりしたほうがいい。そうすると、案外相手にも非があることに気づいたりするものです。

あるいは、友人からの飲み会の誘いなども同様です。ついスケジュールだけを確認して「行くよ」と即答しがちですが、「調整してから、また連絡する」と一旦は切ったほうがいいと思います。

いつでも会える友人なら、多少の日程の融通はきくはずです。本当にその日時でいいのか、他にその時間の有効な使い道はないか、仕事の進捗なども絡めて考えてみるべきでしょう。最初に「行く」と言ってしまうと、あとで「行けない」とは言いにくくなります。だから最初は、態度を保留することが大事なのです。

これは単に「電話で即答は避けよう」ということではありません。やや大きく言えば、**自分のコントロール感を保つことが重要**なのです。

相手に言われるがままに振り回されると、どうしても自分に対するコントロール感が失われます。それは、自尊心を奪う原因にもなりかねません。振り回される自分を見て、「自分はダメだ」「自分は弱い」と認識してしまうわけです。

それが常態化すると、自分からアクティブに行動を起こそうという気力も失われます。「すぐやる」ではなく「すぐやらされる」のは、なかなか辛いものがあります。

電話にかぎった話ではありませんが、相手のペースに逆らって「ノー」と言うには勇気が必要です。しかし「タイムアウト」ぐらいは要求できるはず。その間にコントロール感を取り戻し、自分のペースで動けるようにしようというわけです。

第6章

「すぐやる」チームの作り方

30 部下指導の基本は「問いかけ」と「声かけ」

若者にアクティブを期待してはいけない

仮に自分が「すぐやる」人になったとしても、部下や後輩がそうではないとすれば、組織全体のパフォーマンスは上がりません。そういう悩みを抱えている上司・管理職は少なくないようです。

とりわけよく聞くのが、今の20歳代の部下に対する不満。少子化の影響もあり、彼らは親などから与えられることに慣れて育ってきました。そのため、**自分からアクションを起こすことが苦手**なのです。

この傾向は、当面続きそうです。先日、塾経営者の方々から伺った話ですが、最近は大教室が減る一方で個別指導の教室が圧倒的に増えているとのこと。なぜなら大教室の場合、先生の話についていけない生徒がいても、「わかりません」と声を上げることができないから。そのまま授業を進めると、できる生徒とできない生徒の格差がどんどん広がってしまうわけです。

今の生徒は、先生と1対1で授業を受けても、なお「わかりません」とは言えない。先生の側が「どう？　わかる？」とさんざん声をかけて、ようやく「実はここがちょっと……」と〝本音〟を打ち明けるそうです。良し悪しの問題ではなく、今はそういう時代の流れなのです。

ついでに言えば、SNSに慣れてきた彼らは、匿名かつオンラインで自分を出すことは得意ですが、概して人と面と向かって話すことが苦手です。まして世代や世界の違う人とは、できるだけ接触を避けようとする傾向があります。

彼らが社会人になって、急にアクティブになるとは考えられません。ただし、基本的に真面目で素直でもあります。だから**上司のほうが彼らに合わせた指導をすれば、相応にリアクションしてくれる**でしょう。

積極的に声をかけて手を差し伸べよう

例えば、何かを教えたり伝えたりした場合も、「わかった？」と確認するだけでは足りません。おそらく彼らは、7割程度しか理解していなくても「はい、わかりました」と答えるでしょう。ネットを使うのが当たり前の世代なので、残りの3割はネットで調べればなんとかなると考えがちなのです。

ところが周知のとおり、ネット情報は玉石混交《ぎょくせきこんこう》で無数にあるため、かえって誤解や混乱の元にもなります。今さら上司に「わかりません」とも言えず、曖昧な知識・情報のままで仕事を進めることになりかねません。これでは、当然ながら「すぐやる」ことも難しくなるはずです。

そこで**上司に求められるのは、さらにもう一歩踏み込んだコミュニケーション**です。ひととおり説明したら、「わかった？」で済ませるのではなく、例えば「今の話を自分の言葉で言ってみて」と問いかける。あるいは説明する前に、「あとで復唱してもらうから」とクギを刺しておく手もあります。

ただ、この箇所で一点面白かったのは、「潜在的機能集団」という考え方だ。オーストラリアの海洋生態学者デイビッド・ベルウッドによれば、サンゴ礁ではサンゴと藻類が共生関係にある。ここで藻類が優位にならないように調整役を担っているのがブダイである。ブダイは「芝刈り機」のように藻類を食べ、サンゴの勢力拡大を支援する。しかし何らかの事情で藻類が優位な状況になると、ブダイは芝刈り機の機能を発揮しなくなる。ここでブダイに代わり登場するのがアカククリという魚だ。アカククリは普段は肉食なのだが、藻類優位の状況下でのみ草食に変わる。つまりサンゴ礁のレジリエンスを高めていたのは、アカククリのような潜在的機能集団だった。著者はこのような存在として、世界大恐慌の混乱の余韻が残る一九三四年に発足し、スイス経済の立て直しに一役買った地域通貨WIR（同書では「代替通貨」とされている）の例を挙げているが、いずれも先述した「多様性」と「冗長性」の組み合わせの興味深い事例という認識でよいように思われる。

人類のレジリエンスを高めるのは「個人の死」？

以上、システムとしてレジリエンスを考えた場合の特性について大まかに検討してきた。

ここで前章で私が述べたこと、すなわち「変われば変わるほど変わらない」というタイプのレジリエンスにおける「流動的な『形態』と温存される『構造』の関係」について見直してみよう。

レジリエンスの条件が「変化によって同一性を維持すること」だとすれば、この記述はトートロジー（同語反復）になってしまう。構造的同一性を表層的な形態変化によって温存することという話になるからだ。不良をやめたヤンキー集団のなかにも「ヤンキー的エートス」は温存されたように。

ただし、システムのレジリエンスを考える際に、考えられるべきは形態と構造の関係ばかりではない。個体とシステムの関係性もまた十分に検討しておく必要がある。

たとえば「個人」と「人類」の関係について考えてみよう。リチャード・ドーキンスが『利己的な遺伝子』（紀伊國屋書店）で述べるように、もし人間が遺伝子の乗り物にすぎず、遺伝子はひたすら自らの複製を未来永劫《えいごう》存続させることが目的なのだとすれば、「個人の死」はむしろ必然的な現象として要請されることになる。もしも個人が不老不死なら「遺伝子の継承」も、「進化」すらもナンセンスということになりかねないからだ。

この関係をレジリエンスという視点から述べてみるなら、「人類」のレジリエンスを高めそうすると、部下も真剣に聞かざるを得ません。それに曖昧な点があれば、すぐに明らかになります。つまり一方的に話して終わるのではなく、その場で部下にリアクションを求めるわけです。

同時に重要なのは、**積極的に声をかけて手を差し伸べる**こと。例えば上司への報告にしても、上司が黙っていればいつまでも来なかったりします。それなら毎夕とか毎週1回とか、具体的な時間を指定して報告に来るように指示するのがもっとも確実でしょう。

「なぜ上司がそこまで」と思われるかもしれませんが、部下の動きが鈍いなら、上司が動いて揺さぶるしかありません。ここで意地を張って放任すると、部下は「上司は自分のことを気にかけてくれない」という意識になって、ますます壁を厚くしてしまうおそれがあります。それがモチベーションに直結することは、言うまでもありません。

逆に言えば、「気にかけてくれている」と思わせるように振る舞えばいいということです。細かく指示を出しながら、頻繁に様子を尋ねる。最低1日に1回、「調子はどうだ?」と声をかける程度で十分でしょう。一度に長く話すより、多く声をかけるほうが効果的だと思います。

こういう日々があれば、やがて部下も要領を覚えます。上司にいちいち指示されなくても、自分で動いて期待に応えようという気になってくれるのではないでしょうか。

31 新人に最初に教えるべきは、「メモ」と「スケジュール」

なぜ、メモが必要なのか？

右も左もわからない新人が配属されてきたとき、最初に教えるべきはメモを「すぐとる」ということだと思います。

上司や先輩は、これからいろいろなことを教えていくはずです。しかし、聞くだけですべて覚えることは不可能でしょう。それに学生気分が抜けていない新人には、人の話をメモしながら聞くという習慣がない。その結果、その場では覚えたつもりでも、翌日には何も覚えていなかったりするのです。

心理学者エビングハウスの有名な「忘却曲線」によれば、覚えたことも20分後には42％忘れ、1時間後には56％忘れ、1日経つと66％も忘れるそうです。まして基礎知識や経験の乏しい新人の場合、1度や2度教わったぐらいで記憶するのは至難の業でしょう。

つまり上司や先輩にとっては、同じことを繰り返し教えなければならないということです。するとだんだん嫌気がさして、「何度同じことを言わせるんだ?」と感情的になったり、教え方がいい加減になったりする。

こうなると、もう新人も萎縮して、わからないこともわかったようなフリをすることになります。モヤモヤを抱えるので、仕事も「すぐやる」というわけにはいきません。これはお互いにとってまったくメリットがないわけです。

ならば最初に「メモをとれ」を教えるのが、もっとも合理的でしょう。**記憶に留めるのではなく、記録しろと教える**わけです。

例えば「ちょっと来て」と呼ぶと、おそらく新人は手ぶらで集まります。その時点で「ちゃんとメモとペンを持ってきなさい」「人から聞く話はすべてメモしなさい」と指摘する。こういうレベルから教えていく必要があると思います。

もちろん、その指導を徹底するためには、上司・先輩ともにメモを当たり前のようにとっていることが大前提です。

メモは書くことより、あとから情報を取り出すことが大事

ただし、単に「メモをとれ」と指導するだけでは不親切でしょう。メモのとり方まで教えたほうがいいと思います。

私は以前、『「すぐやる人」のノート術』（明日香出版社）という本の中で、メモのとり方にも触れました。その関係で相談をいただくこともよくあります。

先日もある企業の管理職の方から、「部下の手帳を見てください」とアドバイスを求められました。その方は若い部下に対してメモをとるように指導しているのですが、どうも「すぐやる」には至っていないとのこと。上司が伝えたことを忘れたり、部下からの報告・連絡が曖昧だったりするそうです。

その手帳を見ると、文字がびっしり書き込まれていました。部下の方はメモをとらないどころか、指導にしたがって片っ端からとりまくっていたのです。

しかし、そこにちょっとした勘違いがあります。メモをとる本当の目的は、あとで

そこから必要な情報を取り出すことです。ただ見聞きしたことを機械的に書き込むだけでは、見返したときに『ウォーリーをさがせ！』のような状態になるため、すぐに取り出すことができません。だからメモとして機能しなかったわけです。

私は大学で講義を行っていますが、中にはこういうノートのとり方をする学生もいます。板書はもちろん、先生の話ももれなくびっしり書き込んでいるわけです。その労力はすばらしいのですが、そういう学生にかぎって、意外とその講義のポイントがわかっていなかったりするのです。

学生もさることながら、社会人の場合は組織の一員としての責任もあるので、メモのとり方ぐらいはマスターしたほうがいい。基本的に自分1人が見るものなので特にルールはありませんが、手帳やノートをメモとして使う場合、最低限守ったほうがいいメソッドが2つあります。

1つは当然ながら、**日付別、テーマ別などに分けて書く**こと。これだけでもずいぶんすっきりします。

そしてもう1つは、**できるだけ余白を多くとる**こと。紙面をケチるべきではありません。そうすると、ページごとにレイアウトがまるで違ってくるため、あとで見返すときにポイントを探しやすくなります。

それに、あとで書き加えることも容易になります。ペンの色を変えて関連する新情報などを追加していけば、そのページに情報が集積されていくわけです。系統立てて整理したりアイデアを生み出したりする上で、貴重な資料になるはずです。

こういう指導まですれば、新人もメモの有用性に気づいていくでしょう。ただし、念のために、まずは自身のメモのとり方からチェックしてもいいかもしれません。

当面はスケジュールの共有をする

そしてもう1つ、メモとともに新人にできるだけ早く教えるべきなのが、スケジュールの立て方です。これも学生時代、真剣に考えた人は少ないと思います。

心理学的な見地から言えば、人間は常に自分のことを甘く見積もる傾向がありま す。例えば、かつて経験したことのない仕事を任された際も「これぐらいの時間でできるかな」と安直に考えがちなのです。ところが実際に取り組むと、予想外に手間がかかって時間をオーバーしてしまう。そんな経験は誰にでもあるでしょう。

このことは、料理で考えてみればわかりやすいかもしれません。完成品の写真だけを見て、「自分でも作れそう」と考えたとします。ところが実際に作るには、多くの材料といくつもの段取りが必要です。その一つひとつが頭に入っていなければ、途中で立ち往生するおそれがあるし、とうてい写真どおりには仕上がりません。むしろ料理について詳しくないからこそ、怖いもの知らずで「作れそう」と思ってしまうわけです。

組織の新人も、同じようなものと考えたほうがいいでしょう。何か仕事を与えるとき、細かな〝レシピ〟までは知らないという前提に立つ必要があります。

つまり、「1週間でこの仕事を仕上げて」という指示では不十分。まずは「この仕事を1週間で仕上げるとしたら、どういう段取りでやる？」と問いかけて、**スケジュール表を提出してもらうことから始める**べきでしょう。

そこには当然、いくつもの〝抜け〟や見通しの甘さがあると思います。それを指摘しつつ一緒に真っ当なスケジュール表を仕上げれば、新人でも過信せずおそれず、その仕事にすぐ取りかかれるはずです。

またその後の、仕事の進捗をチェックするのも上司の仕事でしょう。スケジュールを共有していれば、これはとてもやりやすいと思います。

32 部下に「はじめの一歩」を踏み出させるには

2つの悪いパターン

若い部下にとって、初めての仕事は緊張するものです。特にハードルが高いのが、社外の人と接する仕事でしょう。新しい顧客を求めて営業したり、取引先に何かを依頼したりされたり、電話でアポイントを取ったり等々です。

人間関係ができていない以上、「うまく話せなかったら」「もし無理難題を持ちかけられたら」「どうしようもなくイヤなヤツだったら」などと考えて、不安になるのは当然です。始動するまで時間がかかるかもしれません。

しかし組織としては、そうそう待ってもいられません。そこで上司が働きかける必要があります。

悪いパターンは大きく分けて2つ。1つは、**突き放して追い込む**こと。「早くやれ」「失敗したらダメだぞ」などとプレッシャーをかけると、萎縮してますます動かなくなります。特に子ども時代から常に独力で100点を取ることを目指してきた〝完璧主義者〟が多いので、成功が確実に見通せるまで自分で考えようとする傾向があります。ところが知識や経験が足りないので、何をどう考えればいいのかさえわからない。そのため、モヤモヤしながら長期停滞するわけです。

上司にとっては、社会人だから厳しさや責任感を教えることも大事、という気持ちもあるでしょう。しかし今や、「オレの背中を見て学べ」という時代ではありません。先にも述べたように、まずは懇切丁寧に手取り足取り教えることが重要だと思います。

かといって、**上司が部下の仕事を代行するのはダメ**。これが2つ目の悪いパターンです。営業であれ、取引先との交渉であれ、経験のある上司がやったほうが圧倒的にうまくいくでしょう。部下もプレッシャーから救われます。

しかしそれは、部下を〝戦力外〟と見なすことと同じです。「自分は切り捨てられた」と考えて、ますます動かなくなるだけでしょう。そこから一念発起してくれればいいのですが、そういうタフな人は稀だと思います。

部下の課題には「一緒に立ち向かう」

上司として選ぶべき道は、この2つのパターンの中間にあります。まずは「一緒に課題に立ち向かう」という姿勢を見せること。例えば「うまくいかなそうだったら、早目に言って」と声をかけるだけでも、心理的にはずいぶん楽になるはずです。「100点を出さなければいけない」ではなく、**「とりあえず50点を目指して、ダメなら相談しよう」**とハードルを下げることができるからです。

言い換えるなら、これは逃げ道を用意してあげるということでもあります。高いハードルを越えられずに八方塞がりだと思ってしまうと、身動きがとれなくなるのです。いざとなったら逃げればいいという〝保険〟があれば、それなりにチャレンジしやすくなるのではないでしょうか。

例えば、アポイントの電話をなかなかかけられない部下がいたとします。「断られるのが怖い」というのがその理由だとしたら、「断られたら断られたときにまた考えればいい」と諭す。これは甘やかしではなく、ビジネス上の当然の発想でしょう。

仕事にせよスポーツにせよ、結果が出るまでには不確実要素が多数あります。こちらが万全の準備をして優れた提案をしても、相手のニーズやタイミングと合わずに断られることはザラにあります。そういう現実を教えて、フォローする意志があることを示すのです。

つまり**「成果を出さなければいけない」という呪縛から解放し、「とりあえず電話をかける」ということにフォーカスさせる**わけです。こういう〝視点ずらし〟が、部下の背中を押す秘訣だと思います。

一度でも経験すれば、部下も落ち着きます。しだいに臆することなく、「すぐやる」ことができるようになるでしょう。その上でうまくいかなければ、原因と対策を一緒に考える。「次はこういうふうに言ってみたら？」と具体的にアドバイスできれば、階段を上りやすくなります。その積み重ねによって、やがて成果もともなってくるはずです。

過保護だと思われるかもしれませんが、もっともエネルギーを要するのは最初だけです。1度でも壁を登ってくれれば、その後は徐々に〝手抜き〟できるはず。それまでの辛抱だと自分に言い聞かせることも、上司の心得の1つだと思います。

33 燃えない部下を焚きつける法

「可燃型」を「自燃型」に変えるコミュニケーション

よく言われることですが、ビジネスパーソンは「自燃型」「可燃型」「不燃型」の3種類に大別できます。

このうち「自燃型」とは、放っておいても勝手にアクティブになる人。当然、仕事も「すぐやる」派だと思います。ビジネスパーソンとしては理想的ですが、組織に2割程度しかいないと言われています。

対象的なのが「不燃型」で、いくら燃やそうとしても燃えない人。こちらもやはり2割程度とされています。ある意味で〝炭化〟しているので、戦力としては計算しにくいかもしれません。

残りの6割を占めるのが「可燃型」、つまりうまく燃やせば燃える人です。上司から指示されれば従うが、自分から積極的に動くことはないわけです。しかし勢力が大きい分、組織全体のパフォーマンスを左右します。

つまり**彼らをどう焚きつけるかが、大きな組織にとって重要課題**と言えるでしょう。

それに、燃え方を学んだ「可燃型」は、自信を持つことによって「自燃型」にステップアップしていく可能性があります。つまり部下への教育という意味でも、このプロセスは欠かせないわけです。

ではどうやって燃やすかといえば、やはりコミュニケーションしか考えられません。

威圧して燃やそうとしてもダメ、目標やノルマだけ与えて放置するのもダメ。あるいは他の部下との競争を煽《あお》るのも、今の時代には不向きです。むしろ〝厭戦《えんせん》気分〟が先に立ち、「可燃」から「不燃」に転化してしまうおそれがあります。

そうではなく、**基本は「承認欲求」を満たしてあげる**こと。要するに「いいね！」

というメッセージを頻繁に与え続けることで、もっと認めてもらおうという気持ちにさせるのが、今風の燃やし方ではないでしょうか。

今の若い人には、「いいね！」をもらえて当然という意識があります。逆にもらえないと不安になるし、「やっぱり自分はダメなんだ」と落ち込みやすい。たまたま誰も見ていなかっただけかもしれないのに、「見た上でスルーされている」と悪いほうに考えがちなのです。

「結果」ではなく「変化」を褒める

これを組織内の上司と部下の関係に当てはめるなら、とにかく上司は部下を褒めること。**承認欲求とは、一般的な言葉に置き換えれば「ありがとう」と言われたい**という気持ちです。ならば、そういう言葉をかける機会を増やせばいい。

ただし、何もしていないのに「ありがとう」と言われても、気持ち悪がられるだけです。だから具体的な点を指摘しつつ褒める。とはいえ「可燃型」の部下は、成果も組織への貢献度も高くないかもしれません。そこでポイントの1つは、**「結果」では**

なく「変化」に注目することです。

例えば何かの報告に来たら、「そこまでよくやってくれた。ありがとう」と褒める。あるいはレポートなどの提出があれば、「この部分がよく書けている」「前回より中身が充実している」「意外に早く上げてくれたね」などと指摘して「ありがとう」で締めるわけです。

その上で、もちろん100点満点ではないでしょうから、「ここが惜しい」「その部分をもう少し詳しく」などと足りない部分を指摘すれば、部下も聞く耳を持つはずです。

褒めることは「期待値を上回っていた」という意思表示でもあるので、褒められた側は仕事を認められた気分になる。つまり承認欲求が満たされるわけです。ならば足りないと言われた部分を補って、もっと期待値を上回ってやろうと思うわけです。

戦時中の連合艦隊司令長官・山本五十六が語ったとされる有名な言葉に、以下のものがあります。

「やってみせ、言って聞かせて、させてみせ、誉めてやらねば、人は動かじ。

話し合い、耳を傾け、承認し、任せてやらねば、人は育たず。

やっている、姿を感謝で見守って、信頼せねば、人は実らず。」

おそらく当時のエリートが全国から結集し、「自燃型」で溢れていたであろう帝国海軍のリーダーでさえ、褒めること、承認すること、感謝することが大事と説いているわけです。平和な時代の「可燃型」を焚きつけるべき上司にとって、これらがいっそう大事であることは言うまでもないでしょう。

「自燃型」の部下に育てるポイント

そしてもう1つのポイントは、**アイデアを褒める**こと。「よく考えたね」「これは君が考えたの?」「なかなか斬新」などと言われて、悪い気のする人はいません。他者にマネのできない、オリジナリティが評価されたことになるからです。

こちらも、大それたアイデアである必要はありません。仕事上のちょっとした工夫とか、企画書のタイトルとか、そういうレベルでいいのです。しかし褒められた側は、考えることで評価されるというプロセスを覚える。そうすると、もっといろ考えようと意欲が湧いてくるのです。

実はこれが、「自燃型」と「可燃型」を分ける境界線でもあります。どんな組織でも、上司が部下にもっとも望むのは、「自分で考えて行動できるようになってほしい」ということでしょう。そうなれば上司の手はかからなくなるし、組織の戦力にもなる。つまりは「自燃型」のビジネスパーソンになるということです。

ましてや昨今、単純作業はロボットやＡＩがどんどん代替しています。社員に求められるのは、まさに頭を使ってアイデアを出すことでしょう。

一方、「可燃型」は、ふだんまったく考えないわけではありません。動機が何であれ、日常の仕事の中で工夫したり、いろいろ調べたりしているはずです。また当人は、そのことをいちいちアピールしないかもしれません。**それをいかに見逃さないかが、上司に与えられた使命**だと思います。

もちろん、上司も忙しいので、逐一指摘することは難しいでしょう。しかし、仮に10の工夫のうち1つでも気づいて褒めることができれば、部下は「自分を見てくれている」「報われた」という思いがするはずです。考えることに価値を見出し、上司に言われなくても「すぐやる」ことに目覚めるのではないでしょうか。
こういう部下が1人でも増えれば、その分だけ組織は強くなるはずです。

34 「すぐやる」チームのリーダーがすべきこと

リーダーの基本の3要素

プロスポーツの世界では、監督の交代によってチームがガラリと変わることがあります。それまで燻《くすぶ》っていた選手が俄然《がぜん》活躍し始めたり、戦う集団として一体感が増したり。

そこまで極端ではないにせよ、同じことは会社の部署でも言えます。沈滞ムードを漂わせて「先送り」を常態化させるか、活気に溢れた「すぐやる」チームに仕立てるかは、リーダーに負うところが大きいでしょう。

では、今どきのリーダーはどうあるべきか。その基本は、大きく3つあると思います。

第1は、よく言われるとおり、**ビジョンを明確に語れる**こと。チームとしての目標や、その先の姿を思い描き、それを言語化して全員で共有させるわけです。ひと昔前のような、背中で語って「黙ってついてこい」というスタイルはなかなか通用しません。

第2は、**メンバー個々に適材適所の仕事を割り振る**こと。人にはそれぞれ強み・弱みがあるので、それをよく見極めた上で、できるかぎり配慮するわけです。

あらゆる人に共通することですが、仕事の最大のモチベーションになるのは「人の役に立っている」と実感することです。別に大それたことではなくても、チームの一員であれば、機能の一翼を担《にな》っていると自負できれば十分でしょう。つまりリーダーとしては、すべてのメンバーをカラ回りさせないこと、そのために役割分担を考えることが重要だと思います。

その連携がうまく行っているチームは、いい意味で緊張感が連鎖します。自然と連帯感と勢いが生まれ、「すぐやる」チームになりやすいはずです。

そして第3は、**メンバーとフラットな関係である**こと。かつてはカリスマのようなリーダーが求められたかもしれませんが、今は上下関係を強調すること自体、あまり好かれません。自分の方針に従わせるというより、全員の意見を聞いて取りまとめるぐらいのほうが、モチベーションを引き出しやすいと思います。

「チーム」より「コミュニティ」を作ろう

以上はあくまでも基本的な部分ですが、リーダーにはさらに重要な要素がありです。いささかアナログな発想ですが、**戦うチームというより仲間内のコミュニティを作る**ということです。それには、仕事以外でコミュニケーションを図る機会をなるべく多く持つしかありません。

生き方が多様化している昨今、どんな組織にも、「仕事が人生のすべてではない」と考える人は少なからずいます。そういうメンバーに対して仕事の話しかできないとすると、距離を置かれてしまうおそれがあります。

今は「人間関係が希薄な時代」とも言われます。しかし、人間関係を遮断したいわけではありません。むしろSNSの登場によって、誰もが人間関係を選べる時代になったのだと思います。バーチャルな世界で常に誰かとつながっているから、会社で無理してつながる必要はない、と考える人が増えているのではないでしょうか。

会社の組織としては、個々人のその価値観を尊重する必要があります。しかし一方で、結束して勢いをつけるために、メンバー全員にリアルな人間対人間としてつながってもらうように越したことはありません。だからリーダーは、自ら歩み寄って積極的にコミュニケーションを図るべきだと思います。

とはいえ、いきなりプライベートに踏み込むわけにもいきません。まずは仕事でもプライベートでもない、軽い共通の話題を見つけるのが得策でしょう。最近は社内での飲み会が敬遠されがちですが、一緒に移動中の電車の中とか、仕事の話がひととおり済んだあととか、機会は少なからずあると思います。

例えば野球やサッカーなどスポーツの話は、雑談ネタとして最適です。あるいは話題の映画、テレビ番組、本、芸能人のゴシップなどの話も、差し障りがないという意味では雑談の王道でしょう。いろいろ話を振りながら、好みをすり合わせていくわけです。

それによって、例えば「阪神ファン」という共通項が見つかったり、同じ映画を見て同じような感想を持ったりしたら、それだけで親近感が湧いてくるものです。会話の中身にさして意味がなくても、人間関係を作る上で、こういう機会は侮れません。

相手を理解しようと努めることが大事

組織内で人間関係を築くという意味では、もう1段階上のレベルもあります。

スポーツで優勝したチームの選手たちが、「監督を胴上げしたい一心だった」といった感想を語ることがあります。一部は社交辞令かもしれませんが、これが本心だとしたら、そのチームは本当に強かったのだと思います。

先にも述べましたが、「誰か人の役に立っている」という思いが強いとき、人はもっともモチベーションを高めます。その対象が常に目の前にいる監督だとすれば、全力プレーを心がけるのは当然でしょう。

では、当の監督はどうやってここまで選手たちを〝手なずけた〟のか。もちろん、作戦や指導がすばらしかったという面もあるでしょう。同時に、私の知るかぎりでは、監督対選手としてだけではなく、人間対人間としてプライベートな面でもつながっていたケースが多いようです。

例えば個人的な悩みを聞いてもらったり、批判を受けたときに庇《かば》ってくれたり、家族のことまで気にかけてもらったり、といった具合です。日ごろから何らかの恩を受けていれば、その人に恩返ししたいと思うのが人情でしょう。

会社の組織でも同じです。**人間対人間としてつながっている**でしょうか？　例えば部下が「どんな思いでこの会社に入ったのか」「将来はどういうことをやってみたいのか」「どんな分野に興味があって、何が得意なのか」等々について、上司は理解しているでしょうか。こういうことをフラットに話せる関係なら、部下も上司を信頼して働けると思います。

ただし、ここで気を付けないといけないことは、人にはそれぞれ「パーソナルスペース」があるという点です。物理的にもそうですが、心理的にも他者に入ってもらいたくない自分だけの領域や間合い、スペースのことを指します。

特に今の若い人は、敏感です。相手のパーソナルスペースに踏み込まない代わりに、自分も踏み込まれたくないという意識が強い。だから「内向き」で「人づきあいが苦手」と思われがちなのです。

もちろん、そこに無理やり踏み込もうとするのは逆効果。別に〝仲良し〟になる必要はないのです。しかし、部下について理解しようとすることに罪はありません。

大切なことは、日常的にそういう姿勢を示せば、部下も心を開きやすくなるということです。

第7章

すぐ「人を動かす」技術を身につける

35 今すぐ「上司を動かせ」

決裁の遅い上司への対処法

例えば企画書を書いて上司に提出したのに、上司からは何のリアクションもない、ということはよくあるでしょう。可なのか不可なのか、それともまだ目を通していないのか、部下としては宙ぶらりんな状況に置かれます。動きたくても動けないので、当然ながら「すぐやる」に支障をきたします。

立場が逆なら「あれはどうなった？」と尋ねることもできますが、上司に催促するのは気が引けます。では、どうすれば上司に動いてもらえるのか。

まず検証すべきは、自身の提出した企画書です。文面がダラダラと長かったり、ポイントが絞られていなかったりしたら、リアクションが薄くても仕方ありません。基本的に上司は忙しいはずなので、要領を得ない長文は、後回しにされた可能性があるでしょう。企画書に限らず、ビジネス文書は情報を絞り込み、できるだけ簡潔にまとめるのが基本です。

また**その企画書を上司にどうしてほしいのか、その位置づけが明確になっているか**も確認したほうがいい。決裁してほしいのか、アドバイスを求めているのか、参考資料なのか、そのあたりが曖昧だと、先送りされる可能性は高くなります。

以上をクリアしたら、次はリマインド作戦しかありません。「先の企画書の件、どうなりましたか？」と尋ねるわけです。口頭で質問すると煩《わずら》わしく思われるおそれがある場合には、メールで尋ねてもいいでしょう。

このとき、ちょっとしたコツがあります。**第三者的な理由づけをする**ということです。一部下として問い合わせるだけだと、上司は軽視して後回しにしてしまうおそれがあります。しかし、例えば「取引先の○○に回答を待ってもらっている」とか「他部署ではすでに話が進んでいる」などと付け加えて圧力をかければ、さすがの上司も「自分が堰《せ》き止めてはマズい」と思うでしょう。

どんな仕事でも、関わる人は複数いるはずです。そういう人を巻き込んで味方につけることが、上司を動かすポイントです。またその場合、多少の誇張やハッタリを含ませることもテクニックの1つです。

イヤな上司にこそ、進捗をこまめに報告

だいたい多くのビジネスパーソンにとって、上司との相性の悪さは大きなストレスでしょう。人間対人間なので、合わない場合はどうしても合いません。しかし、そのために「すぐやる」が阻害されれば、自分が困るだけ。運が悪かったとあきらめ、感情とは切り離して仕事上のつき合いをしていく必要があります。

できるだけ自分の思いどおりに上司を動かすには、**距離を置くのではなく、むしろこまめにコミュニケーションをとるほうが得策**だと思います。その際は仕事上の質問をしたり、アドバイスを求めたりするのが常套手段。部下にそういうアプローチをされると、上司も邪険には扱えなくなります。

また進行中の仕事について、メールで逐一報告しておくのも効果的。ある程度まと

まった段階で報告するのではなく、毎日のように進捗を伝えるのです。例えば1週間に1度とするより、日課にしてしまったほうが楽でしょう。

これには2つのメリットがあります。

1つは、**自分自身がサボれなくなる**こと。上司にすべて把握されていると思うと、気を抜くわけにはいかなくなります。ましてや相性のよくない上司の場合、わざわざ小言をもらいたいとは思わないでしょう。

そしてもう1つは、**上司も歩調を合わせざるを得なくなる**こと。メールを読んでいるかどうかは別として、こまめに報告を受けている以上、何か決裁を求められたときに「知らない」では済まされません。

それに、こまめに報告してくるような部下に対しては、否定的な決裁もしにくくなるでしょう。事務的とはいえ頻繁にメールを送ってくれれば親近感も湧くし、進捗をすべて把握しているという前提なので、否定するならもっと前にできたはず、と反論されれば返す言葉がありません。

上司と無理に仲良くならなくてもけっこう。しかし意地を張って没コミュニケーションになってしまうと、仕事面でも精神面でもデメリットばかりです。どちらかが仕事と割り切って歩み寄る必要があるわけですが、上司にその気配がないなら、ここは部下が大人になるしかありません。

36 今すぐ「仕事のオファーを受けてもらう」

「なぜ、あなたに頼みたいのか」を伝える

例えば何かのプロジェクトで、ある作業を外部の業者に依頼することはよくあると思います。すでに取引のある関係なら「あうんの呼吸」で済むかもしれませんが、初めての相手にオファーする場合にはそうはいきません。

そこで問われるのは、「なぜ、あなたに頼みたいのか」という理由づけと熱意です。これが足りないと、頼みたい相手にあっさり断られるということになりかねません。

私が強くそう思うのは、日常的に各所からさまざまな依頼をいただくからです。例えば、出版社の編集者さんが「本を書いてほしい」と訪ねてこられることもよくあり

ます。

ところが、中には特に企画書を用意するでもなく、「何か書きたいテーマはありませんか？」「とにかく1冊、何でもいいです」といったオファーをされる方もいます。

おそらく、特に私の著書を読むこともなく、「数撃てば当たる」方式で片っ端から依頼しているのでしょう。そのバイタリティは褒められるべきかもしれませんが、「数」の1人に過ぎない私としては「一緒に仕事をしてみたい」とは思えません。

逆に、私の著書を読んだ上で「今度はこういう切り口で」とか「この部分を膨らませて」などと具体的なオファーをいただくこともあります。そうすると私もイメージしやすいし、「こういう方と仕事をしてみたい」とも思えるのです。

編集者と著者の関係というのは一般的ではないかもしれませんが、オファーを出す側と受ける側の関係は、どんな業界・業種でも共通すると思います。**相手のことをよく調べ、なぜ選んだのか、具体的にどんな仕事を依頼したいのかを誇張気味に明確かつ熱く伝える**こと。これが基本中の基本でしょう。

特に最近は、ＳＮＳやホームページなどで情報をアップしている企業や個人は少なくありません。それらにざっと目を通せば、相手のことはかなりわかるはずです。オファーを出すのは、それからでも遅くありません。

これは、立場を逆転させて考えてみればわかりやすいでしょう。自分が仕事のオファーを受けたとき、「誰でもいいけど、あなたやる?」と言われるのと、「この仕事はあなたにしかできません」と言われるのとでは、どちらが気分良く引き受けようと思うでしょうか。自分がオファーを出す際も、ひと呼吸置いて、こういう〝思考実験〟をしてみたほうがいいと思います。

選択肢を用意するのが相手へのサービス

そしてもう1つ、オファーを受けてもらいやすくするコツは、選択肢を用意することです。

例えば訪問のアポイントを取りたい場合、「都合のいい日時を教えてください」という尋ね方をしたとします。相手も乗り気なら即座に応じてくれるでしょうが、そうでもないとすると「スケジュールを調整して連絡します」と言いつつ間を置いて、応じるかどうかも含めて考える時間を持ちます。そうすると先送りされ、忘れ去られてしまう可能性が高くなるのです。

そうではなく、最初から「○日か○日、または○日はいかがですか?」と3日ぐらい候補日を挙げれば、相手はスケジュールを調整するまでもなく、ただちに回答できます。要するに考える時間を作らないわけです。

多くの人にとって、「考える」ことはエネルギーを使うので面倒くさいのです。できれば考えずに、直感的に反応したい。その点、選択肢があればエネルギーの消費量は大幅に減らすことができます。つまり**選択肢を用意することは、オファーする相手に対する最大限のサービス**であり、すぐ回答をもらうための工夫でもあるのです。

もちろん、選択肢が通用するのはアポの日程だけではありません。例えば何かの提案を行うにしても、「何かいい案はないですか?」と問うのは論外。また1本の提案だけに絞って是非を問うよりも、A案B案C案と用意して「どれがいいですか?」という形にしたほうが、相手も検討しやすいでしょう。「A案とB案を組み合わせてD案を作ろう」といったアイデアも出やすくなると思います。

相手に早く動いてもらうには、できるだけ相手に考えさせない工夫をすること。そのために選択肢を用意するわけですが、それによって自分の知識・情報量やセンスを問われることも忘れずに。

37 今すぐ「自分を知ってもらう」

プロフィールと実績を明確にする

また私ごとで恐縮ですが、最近は講演の依頼をいただくこともよくあります。ただいつも困るのは、依頼元がどういう組織・団体の方なのか、よくわからない場合です。

出版の企画であれば、依頼元は主に出版社なので、私も調べようがあります。しかし講演依頼はもっと幅広く、ネット上でもほとんど情報がなかったりします。それをさらに調べようと思えば、当然ながら手間がかかります。そこまで時間をかけるくらいなら、正直なところお断りしたほうが得策と判断せざるを得ないのです。

これは、日常のビジネスでもよくあるのではないでしょうか。初めての相手にオフアーする場合、その内容をどれほど練り上げたとしても、自分たちの情報開示が足りないために後回しにされたり、断られたりするわけです。

たとえ有名企業に所属していても、仕事を行うのは個人対個人です。依頼元がどういう人物なのかがわからなければ、判断を躊躇してしまうのは当然でしょう。だとすれば、たいへんもったいない話だと思います。

逆に言えば、**初めての人とコンタクトを取るには、まず自分に関する情報開示が欠かせない**ということです。

メールでオファーを出すなら、自社のホームページをリンクしたり、業務内容をざっと書いておいたりするのは当たり前。ただし、あまりリンクを貼ってステップを増やすと、その分だけ面倒になって反応は落ちます。パッと見てわかるように工夫することが大事です。

そしてもう1つ欠かせないのが、具体的な実績です。これまでどんな仕事に携《たずさ》わってきたかが、その人の信用につながります。例えば先の講演依頼であれば、過去にどんなイベントを開催し、どんな講師を招いたのかというリストは必須でしょう。

なお組織に対してオファーを出す場合、相手側の窓口になる人と、最終的に決裁する人が違うことはよくあります。つまり、窓口の人から決裁する人への報告や説得というプロセスがかならずあるわけです。

そこに配慮するなら、窓口の人が説得時に使いやすいように、一連の資料をPDFなどで用意したほうがいいかもしれません。そのうちの1枚に自社のプロフィールや自分の実績をまとめ、混ぜておけばいいでしょう。

SNS経由なら話は早い

あるいはもっと簡単に、自分の情報を開示する方法もあります。日ごろからネット上に仕事用のブログを書いたり、個人名でFacebookやTwitterのようなSNSを開設したりすればいいのです。

プロフィールや実績もそこに書き込むことで、一種のデータベースとして機能します。オファーの際にそのリンクを貼っておけば、自分の人となりはわかってもらえるでしょう。問題があるとすれば、それをこまめに更新できるか、あるいは見栄を張って盛ったりしないかどうかだけです。

周知のとおり、昨今はＳＮＳを利用して社員を採用する企業も増えています。企業側にとっては、採用候補者がふだん何をして、どんなことを考えているのか、ある程度リサーチできるというメリットがあります。面接だけではわからない素顔を探ろうというわけです。それだけ、ＳＮＳはその人物の信用度を測るツールとして認知されているということでしょう。

採用ではなく仕事上の取引なら、ハードルはもっと下がるはずです。自分の素性を知ってもらった上で先方にオファーを出すなら、受け入れられるにせよ断られるにせよ、相手の判断は早いと思います。

さらにFacebookの特徴といえば、「友達申請」をしてつながりを拡大していくことでしょう。その伝手《つて》を頼ってFacebook上で最初のオファーをすることも可能です。あるいはTwitterの「ダイレクトメッセージ」を使ったオファーも増えつつあります。

いずれにせよ、まったく見ず知らずの相手であっても、さほど抵抗感なく送ることができます。それにある程度の信用が担保されている分、メール等よりうまくいく確率は高いと思います。これからのオファーの主流になるかもしれません。

38 今すぐ「ノー」を伝える

「ノー」の返信こそ「すぐやる」

オファーを受けたとき、諸条件が合って快諾できればそれに越したことはありません。むしろ悩ましいのは、何らかの理由で断らなければならないときです。

例えば先述のように、オファーの中身が曖昧だったり相手の素性がよくわからなかったりしたら、リスク回避の観点からお断りしたくなります。あるいは乗り気になったとしても、時間の都合がつかずに断念せざるを得ないこともあるでしょう。

そのとき、依頼主にどう「お断り」の返信をするか。特に日本人の場合は、理屈と感情を切り分けて考えることがどうも苦手です。「ノー」と返信されただけで気分的に落ち込んだり、「嫌われた」と勘違いしたりしてしまう人もいます。

場合によっては、断り方に腹を立てて、それこそSNSで根も葉もない悪評を流されるおそれもある。だから**断るにせよ、言い方には相応の配慮が必要**なのです。

まず大原則として、返信は「すぐやる」こと。まして検討の余地もなく断る場合には、ただちに送るのが礼儀でしょう。また検討の時間が必要な場合には、最初にその旨《むね》を伝えて「○日までに返信する」と期日を設定する。これによって、少なくとも相手は「返信がいつ来るかわからない」という不安な状況から解放されます。

次は断る文言。そこには当然、理由が必要です。まったく興味がない、もしくは不得手な分野の場合には、それを明確に伝えることも大事でしょう。もし変に期待を持たせて同じようなオファーをされたりしたら、双方にとって労力のムダになります。

あるいは、断る理由としてもっとも多いのが、時間的な制約でしょう。オファーの中身自体には興味があっても、他にやるべき仕事があれば断らざるを得ません。そう伝えれば、相手も納得してくれるはずです。

また時間の問題はともかく、今ひとつ乗り気になれないオファーの場合も、方便として「時間がない」は使えます。これなら、相手も傷つくことはないでしょう。

いずれにしても、相手に対するリスペクトは欠かせません。キツい言い方にならないよう、御礼をしつつ謝る姿勢が大事です。

今後につながる「建設的なノー」を目指す

そしてもう1つ。断るにしても、それで関係が切れてしまうのはもったいない。相手にもよりますが、せっかくコンタクトがあったのなら、それも何かの縁と考えて、今後につながるような断り方をしたほうがいいと思います。つまり、「建設的なノー」を目指すということです。

それには、御礼と謝りだけでは足りません。オファーをもとに、逆に自分から提案してみてはいかがでしょう。

例えば時間の制約で断るなら、「○月以降ならできます」とか「作業内容を分担することは可能ですか？」などと条件を出してみる手があります。結果的にNGでも、やろうという姿勢は見せたことになります。相手も、また機会があればオファーしようという気になれるのではないでしょうか。

あるいは、オファーの内容が今ひとつの場合には、こちらから「こういうアイデアはどうですか？」と修正または換骨奪胎《かんこつだったい》して逆に提案してみる手もあります。これも相手の都合があるので、簡単に承諾とはならないでしょう。しかし、一緒に仕事をしたいという意思は伝わると思います。

例えば私の場合も、複数の出版社から立て続けに同じような企画を提案していただくことがあります。さすがに同じことを書くわけにはいかないので、２冊目以降は丁重にお断りするしかありません。

しかし、編集者さんの熱意を感じたら、「こういう企画はどうですか？」と逆に提案させていただくことがあります。それをたたき台にして、一緒に新しい企画を模索させていただくこともあります。その企画が実現するかどうかは別としても、編集者さんとの関係は残ります。これがもっとも建設的な成果ではないでしょうか。

「ダメ出し」もすぐやれば傷口は小さい

「ノーを伝える」といえば、さらに辛いシチュエーションがあります。人の仕事にダメ出しをする場合です。

例えば部下や取引先に仕事を依頼したものの、方向性がズレていたり完成度が低かったりして使いものにならない、ということがあります。やり直してもらうしかないわけですが、下手をすると相手のモチベーションを削いでしまいかねません。

だいたい仕事を否定されて、いい気分になる人はいません。特に日本人は、否定に対する抵抗感が大きい。先にも述べたとおり理屈と感情を切り離すことが苦手なので、ただちに「人格否定された」という錯覚に陥りやすいのです。

もっとドライに考えてもいいと思うのですが、それはさておき、こういう事態を避けるにはできるだけ早めの手当てが不可欠です。内容にもよりますが、依頼した1日後なり1週間後なりにサンプルや骨格やラフを出してもらうという手があります。

この時点で調整できれば、あとで大きなズレが生じることは少ないと思います。ダメ出しをしてやり直してもらったとしても、さすがに心理的なダメージは小さいでしょう。

ただし注意すべきは、その言い方です。上から目線で「あれがダメ、これがダメ、やり直し！」と指示を出すようでは、感情の問題に発展しかねません。**「一緒に解決策を探そう」という姿勢が大事**なのです。

ズレがあれば、まず「なぜこうしたのか」という相手の意図を聞く。そうすると、こちら側の説明不足だったり、お互いの間に誤解があったり、時間や資料が足りなかったり、相手が勘違いをしていたり等々、原因がなんとなくわかります。

それを両者で確認し、具体的にどう修正すればいいかを検討した上で、「すみませんが、もう1度出してもらえませんか」と依頼する。やるべきことが明確になれば、やり直しもさほど苦にはならないはずです。

もっとも、中には明らかに手抜きをしてくる相手もいるかもしれません。その場合は、「プロとして依頼しているのだから、プロらしい仕事をお願いします」とはっきり伝える必要があります。

それでもサンプル等で改善が見られなければ、依頼の取り下げという決断も必要かもしれません。これも、早めに決断できればお互いに傷口は最小限で済むと思います。

日々の仕事が「イエス」だけで進めば、それは「すぐやる」の強力な援軍になるでしょう。しかし現実に、「ノー」は日常茶飯事です。それを逆風と捉えず、むしろ追い風に変えることができれば、「イエス」以上の加速が期待できるのではないでしょうか。

39 今すぐ「立食パーティで話し相手を見つける」

時間限定で出席

この本もいよいよ最後になりますが、ここでは、多くの日本人が苦手としているであろう、「立食パーティ」について書きたいと思います。

だいたい日本人は所属意識が強いので、自分が入っているコミュニティでは簡単に打ち解けますが、コミュニティ外の人と接点を作ることには抵抗があるのです。それにもちろん、話が合わずに気まずい思いをしたくないとか、拒絶されたらどうしようという恐怖心もあります。

それに、座敷や椅子がある形式なら、座った時点で正面も両隣も人が固定されるので、好むと好まざるとにかかわらずその面々と話すしかありません。ところが立食となると、自分からアクションを起こすか、人のアクションを待つかという選択を迫られます。これも多くの日本人にとって、心理的に大きな負担でしょう。

それほど面倒なら、出席しないという選択もあり得ます。単なる義理立てで目的がないパーティに出て気疲れして帰ってくるくらいなら、それもいいと思います。私も、いわゆる異業種交流会などには基本的に行きません。出席するのは、会って話したい人がいる場合などに限定しています。

とはいえ社会人ともなると、組織の指示で出席せざるを得ないときもあります。その場合にどう振る舞えばいいか、考えてみたいと思います。

まず**有効なのは、あらかじめ時間を区切る**こと。例えば夜7時から9時の予定なら、8時で切り上げて帰ると決めておくのです。そうすると、その限られた時間の中で会うべき人に会って話そうという意識が働きます。なんとなくダラダラと時間を過ごすことがなくなるわけです。

それに、実はこういう場で中座すると、かえって印象に残りやすいという心理学的な説もあります。出席すること自体が目的なら、これを利用しない手はないでしょう。

話の輪にさりげなく加わるには

次の選択は、誰に声をかけるか。

最近のパーティであれば、SNSで参加者を募るケースもあります。それなら事前にどういう人が参加するかがわかるので、その中から目星をつけておく手もあります。例えば面白そうな事業をしていたり、趣味が共通していたりする相手なら、それだけで話のネタには困りません。そこからいろいろな話題にも発展しやすいと思います。

あるいは事前の情報がゼロの場合には、風貌などから判断して、「話しやすそうだな」と思える人に声をかけるのが常套手段でしょう。その最初の一歩がなければ、ずっと壁際で1人佇《たたず》むことになりかねません。

例えば私が講演をするとき、集まる方々の姿勢もそれぞれです。頷きながら真剣に聞いてくれる方もいれば、どうも落ち着きのない方や俯《うつむ》いたままの方もいます。最初から後者の方々を見て話していると、さすがに気持ちが萎《な》えてきます。

そこで最初は前者の方々とアイコンタクトをとりながら快適な感触を掴み、しだいにボルテージを上げて会場全体を巻き込めるように心がけています。パーティも同様に、始動を軽快にすることが大事ではないでしょうか。

あるいは、すでに盛り上がっている輪にスルッと入る手もあります。いきなり割って入ると「失礼なヤツ」と冷ややかな目で見られるおそれがありますが、例えば1人が離れた隙にさっと入り込めば不自然さはありません。

またはそのとき、離れた1人に「盛り上がっていますね」「どういう方々なんですか」と声をかけ、戻る際に加えてもらうのもスムーズでしょう。

ただし、業界などの内輪話に終始している輪も少なくありません。おそらく部外者にはまったく面白くないので、早々に見切りをつけて退散することも忘れずに。

そう考えると、やはり基本は1対1で話せる相手を見つけることだと思います。

おわりに

私たちは日々、問題に直面して悩んだり落ち込んだりするものです。

しかし、自分の成長を実感できていれば、問題は小さく見えるものなのではないでしょうか。多少の問題があったとしても、とにかく「成長」しているのなら、それでいい。むしろ成長が止まってしまうほうが問題であると私は考えています。

では「成長」とは何でしょうか？

出世や高収入というものは、外部からの評価に過ぎません。自分自身が成長しているかどうかは、実は自分自身が一番よくわかっているはずです。

シンプルに言えば、それは「どれだけ新しい経験を積むか」ということだと思います。

同じことを単純に繰り返すだけではなく、少し工夫してスピードを上げたり、未知の仕事にチャレンジしたり、新しい人に出会って刺激を受けたりした瞬間こそ、成長を実感できるのではないでしょうか。

だから私の場合、仕事のオファーをいただいた際には、できるかできないかではなく、それが自分を成長させるかどうかを判断基準にしています。

成功・失敗は自分一人だけの力ではコントロールできません。それを気にしていては、一歩も前に進めないでしょう。

たとえ失敗したとしても、それ自体は自分の経験になります。つまり、「成長の機会」になるわけです。

私が「すぐやる」を実践し、また推奨してきた理由はここにあります。しかも、すぐ動くことによって成長を実感できれば、自己効力感は高まり、感情をポジティブに保つことができます。

できるかぎり自分の時間の多くを「すぐやる」に変換することができれば、当たり前のようにあなたの人生は素晴らしいものに変わっていくでしょう。

「すぐやる」とは、けっして「できる人」の専売特許ではありません。むしろ「できない」と思い込みがちな人こそ、試してみる価値のある処方箋だと思います。

本書では、さまざまな場面を想定して「すぐやる」の実践的な方法を考えてみました。仕事は常にチームプレーなので、自分だけではなく、いかに周囲の人を巻き込むかも大きなポイントです。

読んで納得するだけではなく、本書を閉じた次の瞬間から、ぜひ1つでも2つでも「すぐ」試してみてください。

それが成長の第一歩です。

塚本　亮

PHP
Business Shinsho

塚本 亮（つかもと・りょう）
ジーエルアカデミア株式会社 代表取締役。株式会社GLOBAL VISION 取締役。高校時代、偏差値30台、退学寸前の問題児から一念発起し、同志社大学に現役合格。卒業後、ケンブリッジ大学大学院で心理学を学び、修士課程修了。帰国後、京都にてグローバルリーダー育成を専門とした「ジーエルアカデミア」を設立。心理学に基づいた指導法が注目され、国内外の教育機関や企業、アスリートなどから指導依頼が殺到。これまでのべ4000人に対して、育成・指導を行い、学生から社会人までのべ300人以上の日本人をケンブリッジ大学、ロンドン大学をはじめとする海外のトップ大学・大学院に合格させている。
主な著書に、『「すぐやる人」と「やれない人」の習慣』『「すぐやる人」のノート術』『「すぐやる人」の読書術』（以上、明日香出版社）、『頭が冴える！毎日が充実する！スゴい早起き』（すばる舎）などがある。

PHPビジネス新書 410

すぐやる力
自然に動き出す自分に変わる！

2019年11月1日 第1版第1刷発行

著者 塚本 亮
発行者 後藤淳一
発行所 株式会社PHP研究所
東京本部 〒135-8137 江東区豊洲5-6-52
第二制作部ビジネス課 ☎03-3520-9619（編集）
普及部 ☎03-3520-9630（販売）
京都本部 〒601-8411 京都市南区西九条北ノ内町11
PHP INTERFACE https://www.php.co.jp/
装幀 齋藤 稔（株式会社ジーラム）
組版 株式会社PHPエディターズ・グループ
印刷所 株式会社光邦
製本所 東京美術紙工協業組合

ISBN978-4-569-84395-7

「ＰＨＰビジネス新書」発刊にあたって

わからないことがあったら「インターネット」で何でも一発で調べられる時代。本という形でビジネスの知識を提供することに何の意味があるのか……その一つの答えとして「**血の通った実務書**」というコンセプトを提案させていただくのが本シリーズです。

経営知識やスキルといった、誰が語っても同じに思えるものでも、ビジネス界の第一線で活躍する人の語る言葉には、独特の迫力があります。そんな、「**現場を知る人が本音で語る**」知識を、ビジネスのあらゆる分野においてご提供していきたいと思っております。

本シリーズのシンボルマークは、理屈よりも実用性を重んじた古代ローマ人のイメージです。彼らが残した知識のように、本書の内容が永きにわたって皆様のビジネスのお役に立ち続けることを願っております。

二〇〇六年四月

ＰＨＰ研究所